ro
ro
ro

AF721788

Rowohlt Verlag GmbH, Kirchenallee 19, 20099 Hamburg

Kontaktadresse nach EU-Produktsicherheitsverordnung:
produktsicherheit@rowohlt.de

ro
ro
ro

Michael Maar, geboren 1960, ist Germanist, Schriftsteller und Literaturkritiker. Bekannt wurde er durch «Geister und Kunst. Neuigkeiten aus dem Zauberberg» (1995), für das er den Johann-Heinrich-Merck-Preis erhielt. 2002 wurde er in die Deutsche Akademie für Sprache und Dichtung aufgenommen, 2008 in die Bayerische Akademie der Schönen Künste, 2010 bekam er den Heinrich-Mann-Preis verliehen. Zuletzt erschienen «Fliegenpapier. Vermischte Notizen» (2022) und «Die Schlange im Wolfspelz. Das Geheimnis großer Literatur», das lange auf der «Spiegel»-Bestsellerliste stand. Michael Maar hat zwei Kinder und lebt in Berlin.

Märchen erzählen von den Urdingen und Tabus, verstecken das Unaussprechliche in Geschichten. Dabei bewahren sie stets ihr Geheimnis – was sie unsterblich macht. Michael Maar geht diesen Geschichten auf den Grund: Wie in den «Kinder- und Hausmärchen» der Brüder Grimm oft schon zu Beginn nicht nur der gesunde Menschenverstand, sondern auch die simpelsten Gesetze der Mathematik suspendiert werden; warum ihre demonstrative Grausamkeit nur vor dem Hintergrund des Dreißigjährigen Krieges zu verstehen ist; dass «Rotkäppchen» von weiblicher Geschlechtsreife und «Hänsel und Gretel» auch von einem wichtigen Übergangsritus erzählt; warum Hans Christian Andersens «Die kleine Meerjungfrau» nicht wie die Volksmärchen ein uraltes menschliches, sondern ein ganz privates Tabu verhandelt; und wo Scheherazades Erzählungen aus «Tausendundeiner Nacht» noch bei Marcel Proust nachklingen – all das erfahren wir in Maars Essay, der uns die vermeintlich vertrauten Erzählungen in ganz neuem Licht zeigt.

Michael Maar

Hexengewisper

Warum Märchen unsterblich sind

Rowohlt Taschenbuch Verlag

Neuauflage
Veröffentlicht im Rowohlt Taschenbuch Verlag, Hamburg, Januar 2024

Die Originalausgabe erschien 2012 im Berenberg Verlag, Berlin
Covergestaltung Anzinger und Rasp, München
Coverabbildung Affe, Kerze anzündender Knabe und Mann (Ausschnitt). Gemälde von El Greco, um 1577. Madrid, Museo del Prado (Erich Lessing / akg-images)
Satz Adobe Garamond Pro bei Pinkuin Satz und Datentechnik, Berlin
Druck und Bindung BoD – Books on Demand GmbH, Bad Hersfeld
ISBN 978-3-499-01418-5

Die Rowohlt Verlage haben sich zu einer nachhaltigen Buchproduktion verpflichtet. Gemeinsam mit unseren Partnern und Lieferanten setzen wir uns für eine klimaneutrale Buchproduktion ein, die den Erwerb von Klimazertifikaten zur Kompensation des CO_2-Ausstoßes einschließt.
www.klimaneutralerverlag.de

Inhalt

I.
Märchen als Meteoriten

Einer der größten Romane des zwanzigsten Jahrhunderts birgt in seiner Mitte ein Geheimnis. Hans Castorp, Sanatoriumsbesucher in Davos, unternimmt einen Ausflug ins Gebirge und wird von einem Schneesturm überrascht. Dem Erfrierungstod nahe, hat er eine lange traumartige Vision. Diese Vision mündet in eine blutrünstige Szene, aus der er schaudernd hochschrickt, um glücklich seinen Weg zurück ins Sanatorium zu finden. Zwei graue Weiber sind es, die er in seinem Alptraum sieht, zwei Hexen, genauer gesagt, die in einem Tempel zwischen flackernden Feuerpfannen hantieren, und zwar aufs gräßlichste.

> Über einem Becken zerrissen sie ein kleines Kind, zerrissen es in wilder Stille mit den Händen – Hans Castorp sah zartes blondes Haar mit Blut verschmiert – und verschlangen die Stücke, daß die spröden Knöchlein ihnen im Maule knackten und das Blut von ihren wüsten Lippen troff. Grausende Eiseskälte hielt Hans Castorp in Bann. Er wollte die Hände vor die Augen schlagen und konnte nicht. Er wollte fliehen und konnte nicht. Da hatten sie ihn schon gesehen bei ihrem

greulichen Geschäft, sie schüttelten die blutigen Fäuste nach ihm und schimpften stimmlos, aber mit letzter Gemeinheit, unflätig, und zwar im Volksdialekt von Hans Castorps Heimat.

Träume rufen nach Entschlüsselung, jedenfalls wenn sie symbolträchtig in der Mitte großer Romane auftauchen. Mit der Entschlüsselung des berühmten Schneetraums im *Zauberberg* tut man sich bis heute schwer. Der Schauplatz ist ein griechischer Tempel. Es steht eine Doppelstatue von Mutter und Tochter davor, in denen man die Muttergöttin Demeter und ihre Tochter Persephone erkennen kann. Das ist der mythologische Hintergrund, man kann auch sagen: die mythologische Staffage. Hinter ihr, im Innern des Tempels, wird Hans Castorp Zeuge eines schaurigen Geschäfts: die Hexen zerreißen ein kleines Kind.

Ist das nun immer noch griechische Mythologie, oder speist sich die Szene eher aus der Erinnerung an etwas anderes, Simpleres? Oft ist es ja das Naheliegende, das man am leichtesten übersieht. Wir haben es mit einem Hans zu tun, der in die Nähe von menschenfressenden Hexen gerät. Was könnte wohl dafür das Vorbild sein? Thomas Mann erwähnt nicht von ungefähr die Knöchlein, die den Hexen im Maule knacken. Ein Knöchlein spielt auch eine wichtige Rolle in dem Urtext zu Castorps Traumszene, dessen Held in einem kleinen vergitterten Stall gefangengehalten wird.

Da ward nun alle Tage dem Hänsel das beste Essen gekocht, daß er fett werden sollte: Grethel aber bekam nichts als die Krebsschalen. Alle Tage kam die Alte und sagte: «Hänsel,

> streck deine Finger heraus, daß ich fühle ob du bald fett genug bist.» Hänsel streckte ihr aber immer statt des Fingers ein Knöchlein heraus: da verwunderte sie sich daß er so mager blieb, und gar nicht zunehmen wollte.

Wer hätte es gedacht: Thomas Mann ist sich nicht zu schade, ins Herz seines mit Mythologie schwer beladenen Romans ein kleines Märchenmotiv zu senken. Märchen haben etwas Robustes und Unverwüstliches an sich. Sie überleben jahrhundertelang, notfalls in den Wirtskörpern fremder Texte. Märchen sind uralt und bleiben dabei immer jung. Offenbar haben sie etwas, das sie unsterblich macht – ein Geheimnis, dessen Lösung noch niemandem gelungen ist. Was kein Grund sein soll, es nicht ein weiteres Mal zu versuchen.

Gilgamesch und Shrek

Wir alle kennen sie und haben sie noch aus Kinderzeiten im Ohr. Wir kennen die Geschichte von Hänsel und Gretel, die am Knusperhaus knabbern, die Geschichte vom Teufel mit den drei goldenen Haaren, der nicht geweckt werden darf, von Rapunzel, die ihren langen Zopf herabläßt, von Dornröschen, das sich an der Spindel sticht, von Rotkäppchen, das der Großmutter Wein und Kuchen bringt, vom Rumpelstilzchen, das frenetisch ums Feuer tanzt, seinen wahren Namen hört und sich vor Zorn mitten entzwei reißen muß. Wir kennen die Bremer Stadtmusikanten, die sieben Geißlein und den Froschkönig, wir kennen das Aschenputtel, das zur Ballnacht erblüht, wir kennen Schneewittchen, das in den vergifteten Apfel beißt, und den Hans im Glück, der seinen Goldklumpen erst gegen ein Pferd, dann eine Kuh, ein Schwein, eine Gans und einen Wetzstein eintauscht und sich schließlich freudig auch dieser letzten Last entlädt.

Wir alle kennen die Märchen, die wir als Kinder gehört haben. Das heißt nicht, daß wir sie alle präsent und abrufbereit hätten – im Gegenteil. Man kann Wetten damit gewinnen, wenn man im Freundeskreis fragt, wie eigentlich das Märchen *Dornröschen* beginnt. Kaum einer wird sich erinnern, daß die Handlung von einem verzauberten Frosch ausgelöst wird. Kaum einer hat die Handlungsverläufe der Märchen am Schnürchen, schon darum nicht, weil sie sich alle so ähnlich sind. Das gerade ist das Eigentümliche an den Märchen, die darin den Geschichten aus der Bibel gleichen: auch wenn man sie seit langem nicht mehr gelesen hat und Schwierigkeiten hätte beim korrekten Referat, sind sie latent wirksam und gegenwärtig. Sie schlummern jahrelang, aber können jederzeit geweckt werden.

Was Märchen eigentlich sind, weiß dabei keiner genau. Wie sind sie entstanden, und woher kommen sie? Die Herkunft der Märchen verliert sich im Frühnebel der Zeiten. Märchen-Motive finden sich schon im ältesten literarischen Dokument der Menschheit, dem babylonischen Epos um den König Gilgamesch. Es ist auf Tontafeln überliefert und soll aus dem zwölften Jahrhundert v. Chr. stammen. Heute, im einundzwanzigsten Jahrhundert, speist sich die halbe Hollywood-Industrie aus dem Motivschatz der Märchen. Welterfolge wie *Star Wars* oder *Shrek* wären ohne Märchen nicht möglich, ganz zu schweigen von *Harry Potter*, dem größten Erfolg in der Geschichte der Literatur.

Von Indien nach Paris

Auch in den drei Jahrtausenden dazwischen war das Märchen nie ausgestorben. Schon das Alte Testament, Heiliges Buch hin oder her, ist nicht frei davon. Man denke nur an das Buch Hiob. Die Geschichte der Tortur des braven Hiob fängt wie ein Märchen an und endet wie eines. Ein reicher Mann mit sieben Söhnen wird von Gott respektive Satan auf die Probe gestellt und verliert all sein Hab und Gut. Weil er nicht vom Glauben abfällt und die Prüfung besteht, bekommt er zum Schluß alles doppelt zurück – die Lösung, wie sie seit jeher zum Märchen gehört.

Aus dem sechsten Jahrhundert v. Chr. stammt die berühmte indische Märchensammlung *Panchatantra*. Tausend Jahre später wurden die «Fünf Gewebe», was *Panchatantra* bedeutet, von einem Arzt und Schachmeister aus dem Sanskrit ins Persische übersetzt. Die Sammlung blieb wirkmächtig bis ins siebzehnte Jahrhundert, als der französische Fabeldichter Jean de La Fontaine auf einem Spaziergang durch die Pariser Quais auf ein Exemplar der *Fünf Bücher* stieß.

Wie das Beispiel zeigt, ist das Märchen ein Nomade, der durch die Dünen der Jahrhunderte streift. Und er läßt keine Kultur dabei aus. Ein und dasselbe Motiv kann sich auf einem persischen Pergament finden, in mündlicher Form in den Pyrenäen, in einer Ballade der schottischen Highlands und einem Märchen der Karibik.

Es dauerte allerdings lange, bis es als Gattung ernstgenommen wurde. Im Mittelalter waren zwar die Ritterepen beliebt, große Märchen für Erwachsene – wobei das Märchen lange

Zeit Erwachsenen und nicht Kindern galt. Und auch die Shakespeare-Komödien sind voller Märchenstoffe. Aber literarisch salonfähig wurde das Märchen erst um 1700 in Frankreich. Man kann es sogar auf das Jahr genau datieren. 1697 veröffentlichte der Pariser Jurist und Kulturbeamte Charles Perrault, der das Schloß von Versailles mitgeplant hatte, die Sammlung der Zaubermärchen *Contes de fées*. Sie war der Nichte von Louis XIV gewidmet und wurde enorm einflußreich. Mit der Sammlung Perraults wurde das Märchen als literarische Gattung interessant.

Grimms Kinder- und Hausmärchen als Weltliteratur

In Deutschland dauerte es wie immer eine Spur länger – genauer gesagt, hundert Jahre. Erst mit der romantischen Bewegung, die sich auf alles Unverkünstelte, Volkstümliche und Verschollene stürzte, wuchs das Interesse für das Märchen. 1805 erschien *Des Knaben Wunderhorn* von Achim von Arnim und Clemens Brentano. Die zwei Herausgeber waren die führenden Köpfe der Romantik, bedeutende Dichter alle beide. Was sie gesammelt hatten, waren Soldatenlieder, Wanderlieder, Liebes- und Kinderlieder aus dem Mittelalter bis zum achtzehnten Jahrhundert. Einige davon wurden später von Gustav Mahler vertont, was alleine genügte, dem *Wunderhorn* die Unsterblichkeit zu sichern.

Allerdings waren es unverkennbar Dichter, die sich über das Volksgut gebeugt hatten. Besonders Arnim hatte den inneren Poeten nicht ausknipsen können und die Lieder vernehmlich auf den eigenen Ton gestimmt. Selbst von seinem Compagnon

Brentano mußte er dafür Tadel einstecken. Der große Goethe dagegen lobte das Unternehmen. *Des Knaben Wunderhorn* gehöre in jede Küche des einfachen Volkes und auf jedes Klavier des Gelehrten.

Ob dank dieser Empfehlung oder nicht, die Sammlung wurde ein großer Erfolg. Ein so großer Erfolg, daß Brentano auf Fortsetzung sann. Wieder sollte es eine Sammlung aus dem Volksgut sein, doch diesmal nicht von Liedern, sondern von Märchen. Brentano sah sich nach einem Zuträger um; man empfahl ihm den jungen Gelehrten Jacob Grimm.

Die Empfehlung war folgenreich. Jacob und sein jüngerer Bruder Wilhelm, die unter bescheidensten Umständen in Kassel lebten, wo sie sich ein Arbeitszimmer teilten, warfen sich mit eisernem Fleiß auf die Sammlung der Volksmärchen. Zu Weihnachten im Jahr 1812 legten sie die Früchte ihrer Ernte vor. Die *Kinder- und Hausmärchen* erschienen – 475 Seiten stark, zum Preis von einem Taler und achtzehn Groschen. Der ersten Auflage war kein Erfolg beschieden. Im Lauf des nächsten Jahrzehnts folgten weitere Bände und Überarbeitungen, 1825 die populäre *Kleine Ausgabe*, illustriert vom Bruder Ludwig Emil – ein solides Familienunternehmen. Aber erst die dritte Auflage von 1838 verkaufte sich gut. Heute sind die Kinder- und Hausmärchen der Brüder Grimm die erfolgreichste Märchensammlung der Welt.

Lange Zeit glaubte man, die Brüder hätten sie dem Volksmund abgelauscht. Der Volksmund bestand freilich aus wohlgebildeten Töchtern, die auf dem Nachttisch ihren Perrault liegen hatten. Die Hauptquelle der Grimms war eine Dorothea Viehmann aus hugenottischer Familie, die mit französischem Märchengut aufgewachsen war.

Und die Brüder ließen kaum einen Satz, wie Gott oder das Volk ihn schuf. Sie feilten und schliffen und sangen das Älteste neu. Was ihnen aus der Feder floß, war nicht Volkskunde, sondern Literatur. Inzwischen können die Kenner sogar den Märchenton Jacobs von dem Ton Wilhelms unterscheiden. Selbst in der Stoffwahl soll sich der unterschiedliche Charakter der Brüder gezeigt haben; der eine wählte die deutlich melancholischeren. Seitdem man weiß, durch wie viele Filter das angebliche Volksgut gedrungen ist, bevor es sich in ihrer Sammlung niederschlug, ist der Respekt vor den Grimms noch gestiegen – zumindest auf seiten der Schriftsteller. Wenn man die Sache auf die Spitze stellen wollte, könnte man sagen, die Brüder Grimm seien die größten Dichter der deutschen Romantik: die einzigen, neben E. T. A. Hoffmann vielleicht, denen Weltliteratur gelang.

Das ändert nur alles an einem nichts. Auch wenn die Grimms die Märchen neu geformt haben – erfunden wurden sie von ihnen nicht. Es gibt solche erfundenen Märchen, man nennt sie Kunstmärchen, aber die Grimmschen zählen eindeutig nicht dazu.

Der fremde Blick

Wer hat sie aber dann erfunden? Das ist nur eine der Fragen aus dem Fragenwald, in den jeder Leser von Märchen tritt. Man glaube nicht, der Axtschlag der Forschung habe diesen Wald längst niedergelegt. Es ist immer noch ein Wald, wenn auch mit einigen Lichtungen und Hexenringen. Gerade über die großen Fragen herrscht erstaunlich wenig Einigkeit. Sind Märchen

Einzelschöpfungen, die durch Ausstreuung herumkommen? Oder sprießen sie zu bestimmten Kulturzeiten gleichsam wie Pilze von allein? Sie sind ja in aller Welt verbreitet und es gibt keine Kultur ohne sie. Der Amazonas-Stamm, der keine hätte, wurde noch nicht entdeckt. Und auch im Iglu werden abends Märchen erzählt.

Aber wie wurden sie überliefert, und von wem – eher von Männern oder von Frauen? Das ist bis heute umstritten. Es ist umstritten, ob sie jünger oder älter als die Mythen sind, mit denen sie verschwistert scheinen. Und vor allem ist unklar, was es mit ihrer Bedeutung auf sich hat, von der Wilhelm Grimm sagte, sie sei längst verloren, werde aber noch empfunden.

Immerhin gut, wenn man sie noch empfindet. Denn die Bedeutung in klaren Worten anzugeben fällt oft schwer. Die Geschichten von Dornröschen und der Spindel, von Rapunzel im Turm, von Rotkäppchen und dem Wolf, von Hänsel und Gretel im Hexenhaus – was wollen sie uns eigentlich erzählen? Wenn man nicht wüßte, daß es sich um eine eigene Gattung mit ihren Besonderheiten handelt, müßte man sich fragen: Was sollen diese Meteoriten in der Landschaft der Literatur? Märchen haben einen uralten Kern. Dieser Kern ist fremd, zuweilen bizarr. Diese Fremdheit wollen wir einmal nicht mildern. Stellen wir uns vor, wir hätten uns nicht an die Märchen-Eigenheiten gewöhnt. Betrachten wir die Märchen, mit denen wir alle groß geworden sind, wieder mit dem fremden Blick: Vielleicht kommen wir dem Geheimnis, warum sie so unverwüstlich sind, doch auf die Spur.

II.
Dornröschens dumme Eltern

Was dem fremden Blick an Märchen als erstes auffallen müßte, wäre ihre dramatische Unlogik. Nehmen wir nur einmal den Anfang des berühmten *Dornröschen.*

> Vor Zeiten war ein König und eine Königin, die sprachen jeden Tag, «ach, wenn wir doch ein Kind hätten!» und kriegten immer keins. Da trug sich zu, als die Königin einmal im Bade saß, daß ein Frosch aus dem Wasser ans Land kroch, und zu ihr sprach, «dein Wunsch wird erfüllt werden, und du wirst eine Tochter zur Welt bringen.» Was der Frosch vorausgesagt hatte, das geschah, und die Königin gebar ein Mädchen, das war so schön, daß der König vor Freude sich nicht zu lassen wußte, und ein großes Fest anstellte. Er ladete nicht bloß seine Verwandte, Freunde und Bekannte, sondern auch die weisen Frauen dazu ein, damit sie dem Kind hold und gewogen würden. Es waren ihrer dreizehn in seinem Reiche, weil er aber nur zwölf goldene Teller hatte, von welchen sie essen sollten, konnte er eine nicht einladen. Die geladen waren kamen, und als das Fest vorbei war, beschenkten sie das Kind mit ihren Wundergaben: die eine mit Tugend, die

> andere mit Schönheit, die dritte mit Reichtum, und so mit allem, was Herrliches auf der Welt ist. Als elfe ihre Wünsche eben getan hatten, kam die dreizehnte herein, die nicht eingeladen war, und sich dafür rächen wollte. Sie rief «die Königstochter soll sich in ihrem funfzehnten Jahr an einer Spindel stechen, und tot hinfallen». Da trat die zwölfte hervor, die noch einen Wunsch übrig hatte: zwar konnte sie den bösen Ausspruch nicht aufheben, aber sie konnte ihn doch mildern, und sprach «es soll aber kein Tod sein, sondern ein hundertjähriger tiefer Schlaf, in welchen die Königstochter fällt».

Dies also ist die Exposition. Mit allem Verlaub, aber hier drängen sich doch einige Fragen auf. Was dachten sich die Brüder Grimm, als sie den Servicebestand einer königlichen Hofhaltung auf zwölf Teller beschränkten? Folgten sie dem Vorbild ihrer bürgerlichen Welt, in der zwölf gute Teller das Äußerste an Luxus waren? Und was denken sich später die Eltern Dornröschens, sie ausgerechnet an ihrem fatalen Geburtstag alleine im Schloß zurückzulassen – haben sie diesem Tag nicht fünfzehn Jahre lang entgegengebangt?

Das Auffällige nicht nur an *Dornröschen* ist, daß immer wieder dieselbe Fee den Tisch verläßt und für ein Viertelstündchen im Garten spazierengeht, die Fee des Namens Gesunder Menschenverstand. Schneewittchen fällt in ihrer Waldhütte auf die als Krämerin verkleidete böse Königin herein, die sie mit Schnürriemen so fest einschnürt, daß sie fast erstickt – gut, das kann passieren, auch wenn die sieben Zwerge sie ausdrücklich ermahnt hatten, niemanden hereinzulassen. Warum aber kauft Schneewittchen (keine Tochter Einsteins offenbar) derselben

Krämerin hernach noch einen vergifteten Kamm und ein drittes Mal einen vergifteten Apfel ab? Hätte sie sich nach zwei beinahe tödlichen Erfahrungen nicht zu dem *Prinzip* durchringen können, fahrenden Händlerinnen die Tür zu weisen?

Falsche Briefe, ehrliche Diebe

Und apropos Königin: Woher soll der in seinem Kerker schmachtende Eisenhans des gleichnamigen Märchens wissen, daß der Schlüssel zu seinem Verlies unterm Kopfkissen der Königin ruht – wie kommt er zu solchen intimen Kenntnissen? Und warum müssen in dem Blaubartmärchen *Fitchers Vogel* erst zwei Schwestern zerhackt werden, bevor die dritte den Gedanken faßt, daß man sich beim Durchstöbern verbotener Kammern etwas leichter tut, wenn man dabei *kein* Ei in den Händen balanciert?

Glaubwürdige Motivierung ist der Märchenwelt offenbar fremd; eine Kröte, die hier niemand zu schlucken gedenkt. Ein besonders kurioses Beispiel findet sich in dem wenig bekannten Märchen *Von dem Mäuschen, Vögelchen und der Bratwurst.* Die drei Helden des Titels, Maus, Vogel und Bratwurst also, leben in trauter *ménage à trois*, bis dem Vogel eingeredet wird, er sei ein Tropf, immer für die andern ins Holz zu gehen. Nun will auch er einmal daheim bleiben, und so werden eines Tages die Rollen getauscht. Jetzt geht das Bratwürstchen Brennholz suchen, und Vogel und Maus kümmern sich um den Haushalt. Wer aber allzu lange nicht heimkehrt, ist das Bratwürstchen. Sorgenvoll fliegt das Vöglein ihm entgegen, nur um am Wegesrand einen Hund zu sehen,

> der das arme Bratwürstlein als freie Beut angetroffen, angepackt und niedergemacht. Das Vöglein beschwerte sich auch dessen als eines offenbaren Raubes sehr gegen den Hund, aber es half kein Wort, denn, sprach der Hund, er hätte falsche Briefe bei der Bratwurst gefunden, deswegen wäre sie ihm des Lebens verfallen gewesen.

Tja, wenn natürlich falsche Briefe im Spiel sind … Nicht weniger kühn als diese Ausrede des hungrigen Hundes ist die Antwort, die an entscheidender Stelle der *Vier kunstreichen Brüder* fällt. An den ältesten dieser Brüder ergeht dort der Vorschlag, ein Dieb zu werden. Was er mit der Begründung ablehnt: Nein, das sei jetzt ja kein ehrliches Handwerk mehr.

Woraus man schließen darf, daß in den guten alten Zeiten die Diebe noch ehrlich waren. Der unwillige Bruder läßt sich dann doch überreden und strebt einem weiteren Höhepunkt der Märchenlogik entgegen. Man hört es knarren: ein zweiter Stuhl wird gerückt, eine weitere Fee verläßt die Tafel. Ihr Name ist Einfache Mathematik.

Gerade diese Fee macht sich überhaupt gerne rar. Das Märchen *Die drei Schlangenblätter* handelt von einer Schlange, die in drei Teile zerhackt worden ist. Sie kann geheilt werden, wenn man auf jede ihrer Wunden ein Schlangenblatt legt. Dann wollen wir einmal nachzählen: Drei Teile – das sind zwei Schnitte … dann bräuchte man also wie viele heilende Blätter? Und wie aber lautete der Titel?

Bei den vier kunstreichen Brüdern geht es ähnlich zu. Sie haben die Prinzessin gerettet, aber verzanken sich über der Frage, wer sie zur Braut gewinnen soll. Der König macht ihnen daraufhin ein Angebot, das sie nicht ausschlagen können. Die vier Brüder verzichten auf die Prinzessin, dafür bekommen sie zur Abfindung ein halbes Königreich. – Jeder von ihnen.

Grausam naiv

Märchen sind naiv, das merkt man als erstes, und was man als zweites bemerkt: sie sind auffallend grausam. Wenn in ihnen gevierteilt wird, kann man noch von Glück reden, solange es nur Königreiche sind. Zerhackt und zerstückelt wird hier mehr als eine brave Schwester, und mehr als eine Stiefmutter wird scheußlich zu Tode gebracht. Eine Spezialität der Märchen ist dabei, daß sich die Übeltäterinnen das Urteil selber sprechen. Es genügt, daß wie in der *Gänsemagd* der König die Frage einflicht: Was wäre eine Frau wert, die den Herrn so und so betrogen hätte? Und anstatt zu stutzen, weil es genau das Register der eigenen Sünden ist, das ihnen vorgehalten wird, plappern sie darauf los: Oh, die sei nichts Besseres wert, als splitternackt ausgezogen in ein inwendig mit spitzen Nägeln beschlagenes Faß geworfen und darin von zwei Pferden über die Gassen zu Tode geschleift zu werden! Sie fügen sogar noch hinzu: zwei weißen Pferden; und von denen werden sie dann selber geschleift.

Solcherart abgesichert, gestalten Märchen die Strafen gern schwelgerisch. Ein paar Heißsporne gibt es gerade unter den Faß-Liebhabern und Büttnern des Todes. In den *Zwölf Brüdern* wird die Stiefmutter in ein Faß gesteckt, das mit siedendem Öl und giftigen Schlangen angefüllt ist. Wie erfinderisch in der Grausamkeit! Eine kleine Nachfrage aber doch wieder: Die Giftschlangen in dem siedenden Öl … Beißt sich da nicht etwas in den Schwanz? Wären frittierte Giftschlangen für ihre

Stechfreudigkeit bekannt? Und wird hier nicht vor der Stiefmutter schon wieder die Logik gefoltert?

Alltagslogik spielt in den Märchen keine Rolle. Und auch nach Seelenlogik kräht hier kein Hahn. Keinem anderen literarischen Genre würde man auch nur einen Bruchteil der Absonderlichkeiten durchgehen lassen, von denen es in den Märchen wimmelt. Offenbar ist es nicht die Oberfläche der Märchen, denen sich ihr Überleben verdankt. Diese Oberfläche ist voller Pocken und Narben, und ihre Psychologie scheint oft absurd.

Nicht anders ist es mit ihrer Moral. Die Märchenmoral hat noch mehr Blatternarben als ihre Psychologie. Wie bei den Geschichten der Bibel darf man nicht allzu genau nachfragen, was diese Moral nun eigentlich sei. War es fair vom Gottvater, eine Wette mit Satan einzugehen, durch die der arme Hiob nur aus Testgründen in die größtmögliche Verzweiflung gestürzt wird? Es ist die Moral der Bronzezeit, die aus dem Alten Testament spricht, und die der Märchen ist kaum subtiler. Welche Lehre oder *moralité* sollten die Hörer auch aus ihnen ziehen? Daß man seine Kinder besser erst gar nicht in den Wald schickt, weil sie ja doch wieder zurückkommen, oder daß man Hexen ruhig verbrennen darf? Daß die Guten belohnt werden und die Bösen bestraft? Die Grausamkeit, mit der diese Strafen vollzogen werden, widerspricht jedem moralischen Gefühl. Kein gesunder Achtjähriger, der sich nicht darüber entrüsten würde, wie genüßlich in den Märchen Schmerz zugefügt wird – die darin natürlich höchst realistisch sind.

Unverkennbar spielt die Moral der Märchen in einer Welt, in der Gewalt vollkommen selbstverständlich ist. Sie ist so selbstverständlich, daß niemand auch nur daran denkt, sie zu kaschieren. Die Hexe gaukelt ihrem gefangenen Hänsel nichts vor, sondern prüft kühl die Dicke seines Fingers. Ein Mädchen, das eine alte Frau fragt, warum sie denn zwei Kessel Wasser trage, bekommt die ungerührte Antwort: um die Neugierige darin zu kochen.

Brauchen Kinder Bettelheim?

Daß dennoch gerade Kinder Märchen bräuchten, war These und Titel eines Klassikers des nicht unumstrittenen Kinderpsychologen Bruno Bettelheim (er soll die ihm anvertrauten Zöglinge geprügelt haben). Bettelheim führt zur Moral-Frage Folgendes aus:

> Im Gegensatz zum Inhalt vieler moderner Kindergeschichten ist im Märchen das Böse so gegenwärtig wie das Gute. In fast allen Märchen sind Gut und Böse in bestimmten Figuren und ihren Handlungen verkörpert – so wie Gut und Böse auch im Leben jederzeit gegenwärtig sind und wie der Hang zu beidem in jedem Menschen liegt. Gerade diese Zweiheit verursacht das moralische Problem und erfordert den Kampf um seine Lösung.
>
> Das Böse ist nicht ohne Faszination – es wird zum Beispiel durch die Kraft des Riesen oder Drachen, die Zauberkunst der Hexe oder die Allwissenheit der Königin in «Schneewittchen» symbolisiert –, und oft gewinnt es vorübergehend die Oberhand. In vielen Märchen nimmt zeitweilig ein Usurpator den Platz ein, der rechtmäßig dem Helden zukommt. Nicht weil der Bösewicht am Ende bestraft wird, trägt die

> Lektüre von Märchen zur moralischen Erziehung bei – obgleich das auch dazugehört. Im Märchen wie im Leben wirkt Bestrafung oder Angst davor in begrenztem Maße abschreckend. Die Überzeugung, daß sich das Verbrechen nicht auszahlt, ist ein wirksameres Abschreckungsmittel, und aus diesem Grund unterliegt der Böse im Märchen am Ende immer. Nicht die Tatsache, daß die Tugend am Ende siegt, fördert die Moral, sondern daß der Held für das Kind am attraktivsten ist. Das Kind identifiziert sich mit dem Helden; es durchleidet mit ihm alle Mühen und Wirrsale und triumphiert mit ihm, wenn die Tugend schließlich belohnt wird. Diese Identifikation vollzieht das Kind von sich aus; die inneren und äußeren Kämpfe des Helden bilden seine Moral.
>
> Die Gestalten im Märchen sind nicht ambivalent, also nicht gut und böse zugleich, wie wir alle es in Wirklichkeit sind. Da aber Polarisierung den kindlichen Geist beherrscht, hat sie auch im Märchen Vorrang. Eine Person ist entweder gut oder böse, aber nichts dazwischen. Der eine Bruder ist dumm, der andere klug. Eine Schwester ist tugendhaft und fleißig, die anderen Schwestern sind verdorben und faul. Eine ist schön, die anderen sind häßlich. Ein Elternteil ist gut, der andere böse. [...] Die Darstellung der charakterlichen Polaritäten erleichtert es dem Kind, den Unterschied zu erfassen, was nicht so einfach wäre, wenn die Figuren lebensechter und so komplex wie wirkliche Menschen wären.

Na – ja. Bei der Frage, was nun vom Bösen abschrecke, schlingert Bettelheim etwas hin und her – wenn eine Tat bestraft wird, ist es doch gleichbedeutend damit, daß sie sich nicht auszahlt, warum also sollte das eine wirksamer sein als das andere? Auch über die Polarisierung könnte man streiten: Gäbe es in Märchen auch gemischte Charaktere, würde man genau das an ihnen rühmen und den Kindern empfehlen.

Aber Kinder waren ohnehin nicht die Adressaten der Märchen – so wenig wie bei Wilhelm Busch, dessen Geschichten von Max und Moritz der Märchenmoral die letzte groteske Drehung geben. Es war die Welt der Erwachsenen, um die es den Märchen ging. Diese Erwachsenen mußten etwas in den Märchen gefunden haben, was sie jenseits der Moral ansprach. Die Märchen mußten tiefere seelische Wahrheiten und Erfahrungen bergen, sonst wären sie längst ausgestorben. Was könnten solche Erfahrungen sein?

III.
Rotkäppchen unterm Machandelbaum. Märchengrammatik

Besagte Feen haben auch beim Märchen von Rotkäppchen das Feld schon zu Anfang geräumt. Oder würde *eine* Mutter ihr Töchterchen in Lebensgefahr bringen, nur damit die Oma ihren Schoppen Wein bekommt? Soll sie doch Wasser trinken! Was kann aber dann der Grund dafür sein, daß Rotkäppchen von der Mama in den Wald geschickt wird, obwohl jeder weiß, daß dort Wölfe umgehen?

Die Frage ist leichter gestellt als beantwortet. Eine inzwischen nicht mehr ganz taufrische Lesart deutet die rote Kappe als das Merkzeichen der Menarche. Und den Wolf verdächtigt diese Schule weniger der Freß- als der Sexualgier. Die Auslegung klingt überzogen, ist aber nicht völlig von der Hand zu weisen. Der Wolf heißt ausdrücklich Herr Wolf, und Rotkäppchen wird ausdrücklich vor ihm gewarnt. Als sie dann doch vom rechten Weg abkommt, interessiert sich der Wolf auffällig für das, was sich unter Rotkäppchens Schürze verbirgt. Bei Perrault endet sie sogar nackt mit ihm im Bett. Das Märchen könnte durchaus eine Warnung vor bösen Onkels sein; auch wenn die Grimms sich beeilten, alle Schlüpfrigkeiten zu streichen.

Wir werden auf Rotkäppchen zurückkommen, aber eines versteht sich von selbst. Märchen handeln von den Urdingen des Lebens – wie also nicht von Fortpflanzung und Sexualität? Ganz sachte streifen Märchen sogar sexuelle Tabus. In *Allerleirauh* flieht die Tochter vor dem Vater, dann bezirzt sie ihn wieder, und am Ende heiraten sie. Die Tochter ist vom Mädchen zur Frau geworden.

Fruchtbare Frösche

Das Inzest-Thema ist in den Märchen dennoch eher selten. Die Zeit des Übergangs von der Kindheit zur Jugend wird aber sehr oft erzählt. So grobschlächtig und plump die Märchen oft sein können, darin sind sie manchmal geradezu sublim. Ein schönes Beispiel findet sich in *Hänsel und Gretel*. Nach ihren bestandenen Abenteuern im Hexenhaus (die Hexe ist im Backofen verbrannt) machen sich die Geschwister auf den Heimweg. Dabei überqueren sie mit Hilfe eines Entchens ein Gewässer. Dieser unauffällige Handlungszug, der gern überlesen wird, hat doch eine versteckte Bedeutung. Er symbolisiert das, was die Völkerkundler *rite de passage* nennen. Durch diesen Ritus der Flußüberquerung werden die Kinder in die Pubertät befördert. Sublim daran ist nun das Folgende: Am Anfang des Märchens ist es immer Hänsel, der seiner Schwester vorausgeht. Auf dem Heimweg aber ist es seine Schwester Gretel, die zuerst das Entchen besteigt und den Fluß überquert. Denn Mädchen kommen früher in die Pubertät.

Das Element des Wassers scheint überhaupt für die geschlechtlichen Passagen reserviert. Die Königin in *Dornrös-*

chen sitzt, wie wir gelesen haben, gerade im Bad, als ihr der Frosch erscheint und aus der Kinder-Klemme hilft. Der Schlamm, aus dem er kommt, ist offenbar der Urschlamm der Zeugung; in ihm spielt das obszöne Dunkelgeschäft der Natur. In fast allen Kulturen der Welt, von den Kelten, den Azteken, den Ägyptern bis zu den Indianern, ist der Frosch ein Fruchtbarkeitssymbol. Auch daß er in populären Varianten durch einen Kuß zum Prinzen werden kann – wenn auch nicht jeder Frosch, sondern nur der richtige –, ist eine Abwandlung dieses Motivs. Der tierische Sexus wird durch das seelisch-erotische Element des Kusses abgemildert und den Jungfräulein dadurch genießbar gemacht.

Die Schöne und das Tier

Die klassische Darstellung dieser Wandlung findet sich in dem eleganten und wirkmächtigen französischen Feenmärchen *La Belle et la Bête*. Die Schöne ist die jüngste Tochter eines vom Unglück geschüttelten Vaters, der eines Nachts in einem verwaisten Schloß unterkommt und alles wie von Geisterhand serviert vorfindet. Als er am nächsten Morgen für seine Lieblingstochter aus dem Schloßgarten eine Rose bricht, erscheint der unsichtbar gebliebene Schloßherr, ein Ungeheuer, und stellt den Vater zur Rede. Sein Leben ist verwirkt, wenn nicht eine seiner Töchter freiwillig zu ihm, dem Tier, in den Palast zieht. Die Schöne erklärt sich dazu bereit und lebt mit dem Tier, vor dem sie rasch ihre Angst verliert, weil sie seine Güte erkennt. Vor seiner Häßlichkeit indes schreckt sie noch immer zurück. Jeden Abend verneint sie seine Frage, ob sie seine Frau werden wolle. Als ihr Gastgeber sie endlich wieder zu ihrem Vater entläßt, bemerkt die Schöne nach einiger Zeit, wie sehr sie das Tier vermißt. Wie versprochen kehrt sie zu ihm zurück. Und jetzt findet die entscheidende Verwandlung statt. Wie der Zufall es will, ist dabei übrigens wieder ein Schwall Wasser im Spiel.

> Sie fand das arme Tier ohne Bewußtsein ausgestreckt liegen und glaubte, es wäre tot. Sie fiel auf dessen Leib, ohne vor seiner Gestalt einen Abscheu zu haben, und als sie fühlte, daß sein Herz noch schlug, so nahm sie Wasser aus dem Graben und schüttete es ihm auf den Kopf. Das Tier schlug die Augen auf und sagte zu ihr: «Sie haben Ihr Versprechen vergessen: der Gram darüber, daß ich Sie verloren hatte, hat mich den Entschluß fassen lassen, mich zu Tode zu hungern. Ich sterbe aber zufrieden, weil ich das Vergnügen habe, Sie noch einmal wiederzusehen.»
> «Nein, mein liebes Tier, Sie sollen nicht sterben», sagte die Schöne zu ihm, «Sie sollen leben und mein Ehegemahl werden; in diesem Augenblick gebe ich Ihnen meine Hand, und ich schwöre es, ich will nur die Ihrige sein. Ach, ich glaubte, ich hätte bloß Freundschaft für Sie; der Schmerz aber, den ich empfinde, zeigt mir, daß ich nicht würde leben können, wenn ich Sie nicht sähe.»
> Kaum hatte die Schöne diese Worte ausgesprochen, so sah sie das Schloß im Lichte schimmern; die Feuerwerke, die Musik, alles kündigte ihr ein Fest an. Alle diese Schönheiten aber fesselten ihre Blicke nicht. Sie wandte sich wieder zu ihrem geliebten Tier, um das sie sich ängstigte. Wie groß war aber ihr Erstaunen! Das Tier war verschwunden, und sie sah

> nur einen Prinzen, schöner als Amor selbst, zu ihren Füßen, welcher ihr dankte, daß sie seine Bezauberung aufgelöst hätte. Obgleich dieser Prinz alle ihre Achtung verdiente, so konnte sie sich doch nicht enthalten, ihn zu fragen, wo das Tier wäre? «Sie sehen es hier zu Ihren Füßen», sagte der Prinz zu ihr. «Eine boshafte Fee hatte mich verwünscht, so lange unter dieser Gestalt zu bleiben, bis ein schönes Frauenzimmer sich's gefallen ließe, mich zu heiraten.»

Da ist er also plötzlich schöner als Amor selbst! Wenn das Monströse, das der männlichen Sexualität in den Augen des Mädchens anhaftet, allmählich seinen Schrecken verliert, verwandelt sich die Bestie in den römischen Liebesgott.

Zensierter Rapunzel

Auch bei anderen Märchen linst Amor durch die Rosenhecken. Was zum Beispiel ist mit der Spindel, von der Dornröschen im fünfzehnten Jahr gestochen wird? Man wagt ja kaum, es in dieser drastischen Symbolik zu verstehen, aber die Forschung wartet leider mit zwingenden Beweisen auf. In einer frühen spanischen Fassung wird die Vorgängerin Dornröschens mit Zwillingen schwanger. Bei Perrault fragt sie den Prinzen noch, ob er mit ihr schlafen will (natürlich – wieder die Franzosen!). Und ganz unverblümt heißt es 1570 bei dem Straßburger Dichter Fischart, daß der Magd von dem Stich mit dem Dorn «der Bauch geschwoll». Bei den Brüdern Grimm, die alle erotischen Anspielungen tilgten, schwillt natürlich kein Bauch mehr an. Ein zarter Kuß ist alles, was von der Wollust übrigblieb.

Als zu indezent verwarfen die Grimms auch, daß Rapunzel nach einiger Zeit die Kleider eng werden. Schließlich wird sie jede Nacht, wenn sie ihr Haar heruntergelassen hat, in ihrem Turm vom Königssohn besucht. Stehen bleiben durfte nur, daß sie schwerer geworden sei. Ob Rapunzel übrigens, eine Art Feldsalat, zu jenem Gemüse gehört, das nach mittelalterlicher Rechtsauffassung von Schwangeren ungestraft auch aus Nachbarsgärten gepflückt werden durfte? Auch das Umgekehrte wurde gelegentlich vertreten, daß Rapunzel nämlich ein von weisen Frauen empfohlenes Abtreibungsmittel sei. Diese Deutung widerspricht zwar dem Sinn des Erzählten, denn trotz gierigen Verzehrs des Rapunzelsalats kommt die Mutter ja mit einem gesunden Töchterchen nieder. Aber klar wird durch diese botanisch-medizinische Frage, daß sich in Märchen immer wieder das Urälteste mit dem Historischen vermischt. Am Beispiel von *Hänsel und Gretel* werden wir es gleich genauer sehen.

Märchen-Moleküle nach Propp

Um aber auf Rotkäppchen zurückzukommen, die immer noch mit ihrem Kuchenkorb durch den Wald spaziert: Handelt ihre Geschichte wirklich nur von einem liebeshungrigen Wolf? Man hat den Eindruck, bei diesem Märchen sei mehr im Busch. Mehr ahnen als beweisen kann man, daß die Wurzeln dieses Märchenwalds bis tief hinab in die Frühgeschichte der Menschheit reichen. Man vermutet, daß sich Reste von Druiden-Zauber in ihm bewahren und daß es von frühen Opferkulten spricht. Der italienische Forscher Calvetti glaubt, daß sich in *Rotkäppchen* Erfahrungen aus der Bronzezeit niederschlagen.

Um in den Stammesclan aufgenommen zu werden, mußten die jungen Menschen einen ziemlich gruseligen Initiationsritus überstehen. Offenbar spielte er im Wald, und offenbar gab es dabei ein Ungeheuer, das Totemtier des Clans, von dem sie symbolisch verschlungen wurden, bevor der Clan sie mit offenen Armen empfing.

Auch der russische Folklorist Propp sieht *Rotkäppchen* in diesem frühmenschheitlichen Licht. W. J. Propp, der von 1938 bis kurz vor seinem Tod 1970 in Petersburg (damals Leningrad) gelehrt hatte, war der Löwe unter den Märchenforschern. Er untersuchte die Märchen wie Schmetterlinge oder Käfer oder indogermanische Satzbaupläne und teilte sie systematisch nach ihren Funktionen ein. Nicht das Äußere interessierte ihn dabei, sondern die Tiefenstruktur. Enthielt das Märchen die Einheit: «Ein Drache entführt die Tochter des Königs», dann war die Struktur dieselbe, als wenn statt des Drachens eine Hexe oder ein Riese die Tochter entführte. Und wenn es statt der Tochter der Sohn oder das Lieblingspferd des Königs war, änderte sich immer noch nichts an der Struktur; und wenn die Tochter nicht entführt, sondern in den Brunnen geworfen oder ins Aarennest gelegt wurde, blieb es immer noch die gleiche Struktur – und wenn es nicht die Tochter des Königs, sondern des Meisterdiebs oder des Blauen Dschinn war, blieb es *immer* noch die gleiche Struktur.

Propp knackte die Märchen in solche kleinste Einheiten auf. Was an der Oberfläche ganz unterschiedlich schien, bestand aus Märchen-Molekülen. Propp sammelte und katalogisierte sie und kam auf 31 feste Funktionen, nach denen man die Märchen unterscheiden kann. Diese spalteten sich dann wieder in Unterformen auf, so daß ein Märchen bei Propp zum Beispiel *AT 313* heißen kann – nicht viel anders als eine Automarke.

Der Höhlenmensch als Held der Quest

Daß der Zauber des Poetischen verlorengeht, gehört wohl zum Geschäft der Wissenschaft. Gerade als Russe wußte Propp dabei eines sehr gut: die meisten scheinbar phantastischen Geschichten hatten einen realen, verschütteten Untergrund. In der sibirischen Tradition etwa waren schamanistische Reisen, die in vielen Märchen anklingen, genauso real wie bei uns heute das Telephon oder die Kieferchirurgie – wir werden darauf zurückkommen.

Es war denn auch der Morphologen-Löwe Propp, der eine Urgeschichte der Mythen und Märchen zurück in die frühen Stunden der Menschheit verfolgte, die sogenannte Quest. Die Quest ist die klassische Heldenreise, in deren Verlauf der Ritter auszieht und Feinde besiegt, Abenteuer besteht und mit einem wertvollen Gegenstand, möglichst dem heiligen Gral, geläutert nach Hause kehrt. Die Wurzeln dieser Geschichte reichen tiefer als bis ins Mittelalter mit seinen Artussagen. Seit Propp hat sie die Altertumsforschung in die Steinzeit verlegt. Das Muster der Fabel ist immer das gleiche. Es ist das Muster des Höhlenmenschen. Der Mann verläßt die heimatliche Höhle, macht sich auf die Spur des Wilds, erlegt es unter Gefahren, kämpft mit Konkurrenten, verirrt sich auf dem Heimweg und kehrt mit der Beute in die Höhle zurück. Und erzählt dort allen, was er erlebt hat.

Märchen scheinen Speicher zu sein, in denen sich älteste Erfahrungen der Menschheit konservieren – einer der Gründe dafür, warum sie unsterblich sind. Carl Gustav Jung, der begabteste, abtrünnige Schüler Freuds, sprach von Archetypen: Urbilder, die sich im Lauf der Jahrtausende im menschheitlichen Unbewußten herauskristallisiert hätten. Zu solchen Archetypen rechnet Jung die Urmutter, die in allen Mythen auftaucht, die Anima als weibliche Seele, die als Göttin oder aber auch Hexe erscheinen kann; den Schatten, das Kind, den Heilsbringer oder die Trickster-Figur. Die Mythen und Märchen, denen Jung diese Urbilder entnommen hat, sind logischerweise auch voll davon. Und ob man sie nun Archetypen oder anders nennt, klar ist, daß Märchen mit solchen ältesten Motiven spielen wie mit den Gliedern eines Rosenkranzes.

Der Machandelbaum und das petzende Horn

Ebenso tief verwurzelt wie *Rotkäppchen* ist das Märchen vom Machandelbaum (ein anderes Wort für Wacholderbaum). Die Brüder Grimm hatten es aus dem Plattdeutschen von dem Maler Philipp Otto Runge übernommen. Goethe kannte es schon vorher; er läßt es im *Urfaust* sein Gretchen im Kerker singen.

Meine Mutter die Hur
Die mich umgebracht hat
Mein Vater der Schelm
Der mich gessen hat
Mein Schwesterlein klein
Hub auf die Bein
An einen kühlen Ort,
Da ward ich ein schönes Waldvögelein
Fliege fort! Fliege fort!

Von dem Machandelboom ist unter den auch sonst nicht zimperlichen Märchen eines der grausamsten. Ganz offenkundig läßt es einen berühmten Mythos aus dem alten Ägypten anklingen: die Legende von der Ermordung und Zerstückelung des Gottes Osiris. Weil es vielleicht nicht mehr jedem präsent ist, faßt es uns ein Experte freundlicherweise zusammen.

> Ein reicher Mann und eine schöne, fromme Frau lieben einander und möchten gern Kinder haben. Als die Frau winters vor dem Machandel im Hof einen Apfel schält, schneidet sie sich in den Finger und wünscht sich aus tiefstem Herzen ein Kind so rot wie Blut, so weiß wie Schnee. Sie bekommt einen Sohn, wie sie ihn sich gewünscht hat – aber sie stirbt. Der Vater heiratet noch einmal und hat mit der zweiten Frau eine Tochter. Die Stiefmutter haßt den Sohn. Als das Mädchen um einen Apfel bittet, läßt sie zuerst den Jungen in die Kiste greifen, schlägt ihm mit dem Deckel den Kopf ab und setzt ihn, mit einem Halstuch hergerichtet und den Apfel in der Hand, vor die Tür. Als das Mädchen den Toten um einen Apfel bittet, erhält es keine Antwort. Die Mutter rät, ihm eines hinter die Ohren zu geben. Das geschieht, der Kopf fällt ab und das Mädchen wirft sich vor, den Bruder getötet zu haben. Die Mutter verspricht, die Sache zu vertuschen. Sie zerhackt den Sohn, kocht ihn und setzt ihn dem Vater zur Speise vor. Der Sohn, sagt sie, sei für ein paar Wochen zu seinem Großvater gegangen.
>
> Dem Vater tut es leid, daß er nicht Abschied nehmen konnte; von der Speise gibt er niemandem etwas ab; seine Tochter indessen sammelt, ein sehr merkwürdiger alter Zug, das Gebein in ihr bestes Tuch und legt es unter den Machan-

del. Da wird es ihr leichter, ja es ist ihr, als ob der Bruder lebe. Der Baum rührt sich, als freue er sich. Das Gebein verwandelt sich in einen auffällig schönen Vogel, der davonfliegt. Er setzt sich auf das Dach des Goldschmiedes und singt ein merkwürdiges Lied, das ganz ähnlich in vielen Sprachen Europas überliefert ist [...]. Der Goldschmied bittet, das Lied noch einmal hören zu dürfen, und gibt dem Vogel dafür eine goldene Kette. Ebenso geht es beim Schuhmacher, der ein Paar rote Schuhe gibt, und bei den Mühlknechten, die dem Vogel den Mühlstein um den Hals hängen. Mit diesen drei Gaben fliegt der zauberische Vogel auf des Vaters Haus und singt wiederum unwiderstehlich. Als der Vater hinaustritt, wirft ihm der Vogel die Goldkette um den Hals. Die Schwester erhält die Schuhe und tanzt fröhlich in ihnen. Die Mutter jedoch wird vom Mühlstein erschlagen. Kaum ist das geschehen, da verwandelt sich der Vogel wieder in den Sohn – und die drei sind herzlich froh miteinander und setzen sich zu Tisch.

Verwandlung und Metamorphose – das ist natürlich das große Thema der Märchen. Mehr als das, es gehört zu ihrer Definition. Immerzu muß sich etwas verwandeln: dumme Tiere in sprechende; blinde Spiegel in verzauberte; kahle Tische in Tischlein-deckdichs; Prinzen in Frösche oder umgekehrt, Hexen in schöne Frauen (oder umgekehrt), Vögelschwärme in Königskinder, Prinzen in Wasserschlangen, Besen und Mörser in das Haus auf Hühnerbeinen, in dem die Baba Yaga wohnt. Hände werden abgeschnitten und wieder angefügt; Kehlen durchtrennt und wieder geheilt; eine rostige Lampe wird ein allmächtiger Talisman. Ein abgeschlagener Pferdekopf fängt an zu sprechen, was dem Bösen übel bekommt. Einer wird unschuldig erschlagen, aus seinem Knochen wird ein Mundstück für ein Horn geschnitzt, und das Horn singt petzend heraus, wer der Bösewicht war.

Schamanistische Priester

Ungewöhnlich ist das plattdeutsche Märchen also nicht; gerade nicht in der Verknüpfung von Schuld, Verwandlung und Sühne. Dennoch – es ist ein starker und schauriger Trank, der uns im *Machandelboom* zugemutet wird, mit Kindsmord und sogar Kannibalismus. Der Forschung ist es trotz einiger Anstrengung nicht gelungen, eine schriftliche Überlieferung des Märchens zu finden, die vor das achtzehnte Jahrhundert zurückreichte. Es ist aber keine Frage, daß es sich aus ältesten Mythen speist. Die Zerstückelung des ägyptischen Gottes Osiris durch seinen scheelsüchtigen Bruder Seth und seine versuchte Wiederbelebung durch die Schwester Isis haben wir schon genannt. Daß der Vogel, der so starke Lasten tragen kann, ein Phönix sein muß, wissen wir von *Harry Potter* und dem Phönix Albus Dumbledores – ganz abgesehen natürlich von seiner Begabung zur Wiedergeburt. Aber auch der griechische Nachtigallenmythos wurde im Märchen vom Machandelbaum aufgespürt. In dieser schon bei Homer überlieferten mythischen Geschichte verwandelt sich eine Mutter, die ihren eigenen Sohn getötet hat, in eine Nachtigall. In ihrem wehmütigen Gesang klagt sie allmorgendlich über ihre untilgbare Schuld.

Und es geht noch tiefer hinab im Brunnen der Vergangenheit. Der merkwürdige alte Zug, von dem der Märchenexperte schrieb, bezog sich auf das Zusammenlegen von Knochen auf einem Fell zum Zwecke der Wiederbelebung. Diese Sitte pflegte man in der Steinzeit. Die jüngste Forschung spekuliert darüber, ob die böse Stiefmutter nicht nur eine spätere Zutat ist und ob es sich bei dem Märchen nicht um die Geschichte einer schamanistischen Einweihung handelt. Die Schamanen, ein Wort aus dem Sibirischen, waren Mittler zwischen der Oberen und der Unteren Welt. Sie unternahmen Weltreisen im Geist, geheimnisvoll, aber effektiv; sie unterhielten Beziehungen zu Ahnengeistern und kämpften gegen Dämonen, sie hielten sich dienstbare Naturwesen warm und waren berufen, Zauber zu binden oder zu lösen. Die Zaubermärchen haben oft schamanistische Ursprünge, und so vielleicht auch der *Machandelboom*. Nach dieser Lesart wäre die Schwester des unglücklichen Jungen eigentlich eine schamanistische Priesterin.

Böse Mütter, schwache Männer

Wie tief es auch immer hinab gehen mag – wenigstens in der Frage der bösen Stiefmütter, die man im *Machandelboom* vielleicht dazu erfunden hat, sind die Indizien klar. Es ist ja wirklich auffällig, daß die Märchen von bösartigen Stiefmüttern strotzen. Eine ist sogar so böse, daß sie ihr eigensinniges Kind – so der Titel des Märchens – ins Grab zurückprügelt. Und es scheint auch auf den ersten Blick historisch nicht abwegig. Der Tod im Kindbett war früher sehr häufig. Viele Mütter starben jung, und entsprechend viele Männer heirateten ein zweites Mal. Daß diese zweiten Frauen die eigenen Kinder besser behandelten als die eifersüchtig betrachteten Stiefkinder, zumal in Zeiten der Not, scheint als psychologisches Detail nicht unglaubwürdig.

Das Problem ist nur: Es stimmt nicht ganz. Die berühmten bösen Stiefmütter der Märchen waren in den früheren Fassungen fast immer Mütter. Die Brüder Grimm wollten ihre Leser schonen. Darum milderten sie den archetypischen Schrecken der bösen Mutter auf den der bösen Stiefmutter herab. Inzwischen ist sie umgangssprachlich geworden. Aber die Stiefmütter können aufatmen: ihr Ruf verdankt sich einer frommen Lüge und taktischen Zensur.

Die bösen Mütter werden auch in einer anderen Frage immer wieder zitiert. Es ist die Frage, wer die Märchen eigentlich mündlich überliefert hat. Waren es eher Männer, also Soldaten, wandernde Burschen, sogenannte Störhandwerker? Oder eher Frauen in ihren Wasch- und Spinnstuben, die sich die Zeit mit Geschichten vertrieben? Nicht umsonst spricht man ja davon, schmutzige Wäsche zu waschen, eine Geschichte auszuspinnen oder einen Plot zu weben. – Beide Meinungen werden vertreten. Gerade die Schwiegermütter oder Mütter dienten dabei immer als Argument für die Auffassung, daß es die misogynen Männer waren. Die Frauen wären darum so böse, weil Männer die Märchen erzählt und aufgeschrieben hätten – typisch eben.

Einzelne männergefällige Überformungen sind im Detail auch belegt. Und dennoch stimmt hier etwas nicht. Wie stellen sich denn die Märchenmänner dar? In aller Regel als entscheidungsunwillig oder tumb oder schwach. Sie zaudern und lassen sich leicht herumkriegen. Zwei, drei Mal liegt ihnen die Frau mit etwas im Ohr, und sei's dem Aussetzen der eigenen Kinder im Wald, und schon geben sie nach. Nun aber die Hand aufs Herz: Ist das die Art, in der sich der Gockel gern gepriesen sähe?

Und kennt man nicht andererseits das Phänomen, daß Frauen nicht *ausschließlich* gut über andere Frauen reden? «Die Weiber», bemerkte dazu der große Frauenfreund Jean Paul, «malen nie mit treffenderen Farben, als wenn sie die körperlichen Häßlichkeiten fremder Weiber abzufärben haben.» Vielleicht, vorsichtig spekuliert, sind die Märchenmütter auch darum so böse, weil die Frauen in den Spinnstuben nicht nur vorteilhaft von ihren Konkurrentinnen sprachen.

Auch im berühmtesten deutschen Märchen ist die böse treibende Kraft ursprünglich die Mutter. Erst in späteren Fassungen wird sie zur Stiefmutter. Die Wirkung dieses Märchens ist bis heute ungebrochen. Noch *The Blair Witch Project*, der 1999 mit geringstem Budget realisierte Horrorfilm, der sich zum überraschenden Welterfolg auswuchs, ist nichts anderes als ein in die Wälder Marylands versetztes *Hänsel und Gretel*. Für das, was dort ganz ähnlich wie im *Machandelboom* passiert, gibt es wie dort mythologische Vorbilder. Chronos, oder auf lateinisch Saturn, verschlingt seine Kinder, um zu verhindern, daß eines von ihnen sein Nachfolger wird. Hänsel und Gretel geraten aber nicht in die Hände eines mythologischen Gottes, sondern einer sich mütterlich gebenden, nährenden Hexe. Jedem Leser, der sich um den fremden Blick bemüht, stellt sich bei diesem Märchen das alte Rätsel wieder mit aller Wucht. Was soll der ganze Quatsch? Was wollen uns diese Geschichten eigentlich erzählen?

IV.
Hänsel und Gretel im Dreißigjährigen Krieg

Oft sind es gerade die einfachsten Fragen, mit denen man die Schale eines Problems ritzen und zu seinem Kern vordringen kann. Versuchen wir es auch hier mit einer solchen einfachen Frage. Aber lassen wir davor noch einmal die älteste Geschichte Revue passieren.

> Als sie am dritten Tage wieder bis zu Mittag gegangen waren, da kamen sie an ein Häuslein, das war ganz aus Brot gebaut, und war mit Kuchen gedeckt, und die Fenster waren von hellem Zucker. «Da wollen wir uns niedersetzen, und uns satt essen», sagte Hänsel, «ich will vom Dach essen, iß du vom Fenster, Grethel, das ist fein süß für dich.» Wie nun Grethel an dem Zucker knuperte [sic], rief drinnen eine feine Stimme
> «knuper, knuper, kneischen,
> wer knupert an meinem Häuschen?»
> Die Kinder antworteten
> «der Wind, der Wind,
> das himmlische Kind».

> Und aßen weiter. Grethel brach sich eine ganze runde Fensterscheibe heraus, und Hänsel riß sich ein großes Stück Kuchen vom Dach ab. Da ging die Tür auf, und eine steinalte Frau kam heraus geschlichen. Hänsel und Grethel erschraken so gewaltig, daß sie fallen ließen was sie in Händen hatten. Die Alte aber wackelte mit dem Kopf, und sagte «ei, ihr lieben Kinder, wo seid ihr denn hergelaufen, kommt herein mit mir, ihr sollts gut haben», faßte beide an der Hand, und führte sie in ihr Häuschen. Da ward gutes Essen aufgetragen, Milch und Pfannkuchen mit Zucker, Äpfel und Nüsse, und dann wurden zwei schöne Bettlein bereitet: da legten sich Hänsel und Grethel hinein, und meinten sie wären im Himmel.
> Die Alte aber war eine böse Hexe, die lauerte den Kindern auf, und hatte bloß um sie zu locken ihr Brothäuslein gebaut, und wenn eins in ihre Gewalt kam, da machte sie es tot, kochte es und aß es, und das war ihr ein Festtag. Da war sie nun recht froh wie Hänsel und Grethel ihr zugelaufen kamen. Früh, ehe sie noch erwacht waren, stand sie schon auf, ging an ihr Bettlein, und wie sie die zwei so lieblich ruhen sah, freute sie sich, und murmelte «das wird ein guter Bissen für mich sein».

Jeder, der diese Passage als Kind gehört hat, wird sich ein Leben lang daran erinnern. Nichts prägt sich tiefer ins Wachs des kindlichen Gemüts als das Knöchlein, mit dem Hänsel die Hexe hereinlegt – der Hänsel, der von ihr in den Stall gesteckt und gemästet wird. Diese Eindringlichkeit soll uns aber nicht an unserer schlichten Frage hindern. Warum eigentlich will die Hexe Hänsel und Gretel essen? Und allgemeiner gefaßt: Warum sollte überhaupt jemand einen anderen essen?

Eine mögliche Antwort könnte lauten wie folgt. Hexen sind nun einmal so. Vielleicht kommt es bei *Hänsel und Gretel* nicht so sehr auf das Essen als vielmehr auf das Schlachten an. Der historische Hintergrund wäre dann die Zeit der Hexenverfolgung. Das Volk glaubte damals, die Hexen und Satansjüngerinnen begingen schwarze Messen, bei denen ritueller Kindermord gang und gäbe war. Solche Geschichten gab es schon immer und wird es immer geben. Ihren Höhepunkt fand die Hysterie der Hexenverfolgung im siebzehnten Jahrhundert. Damals wurden nicht arme Kinder im Ofen verbrannt, aber vermeintliche Hexen. Die historische Wahrheit ist dabei noch grausiger, als die grausigen Märchen es ahnen lassen.

Bis ins späte sechzehnte Jahrhundert war die Hexenjagd in Deutschland nicht intensiv, am Ende aber erreichte sie so enorme Ausmaße, daß es das Fassungsvermögen übersteigt. Die Gesetze des Heiligen Römischen Reiches, dem alle deutschen Kleinstaaten unterlagen, schrieben Folter und Todesstrafe für Hexen vor. Da der Teufel der Vater der Lügen war, sagten seine Jünger natürlich nicht freiwillig die Wahrheit; darum brauchte man die Streckbank, um sie aus ihnen herauszupressen. Es war üblich, daß der Priester die Folterinstrumente segnete, bevor sie benutzt wurden; dank dieses Segens glaubte man, die Macht des Teufels brechen zu können. Für besonders hartnäckige Fälle wurden spezielle Nachhilfen ersonnen, etwa der Hexenstuhl, ein mit Eisenspitzen bedeckter Metallsitz, unter dem ein Feuer angezündet wurde. Gewöhnlich gestand die Hexe die Wahrheit innerhalb von fünfzehn Minuten. [...]
Die übliche Exekutionsmethode war das Verbrennen auf

> dem Scheiterhaufen; ein ingeniöser Mann aus Neisse in Schlesien jedoch erfand eine Art großen Ofen, in dem binnen eines einzigen Jahres zweiundvierzig Frauen und Mädchen zu Tode geröstet wurden.

Dieser Ausschnitt aus der Studie eines Okkultismus-Forschers dürfte genügen, um die Frage zu beantworten, warum die Grimmschen Märchen so viele exotische Grausamkeiten aufbieten. Es waren die Grausamkeiten der Zeit. Schon Arthur Schopenhauer, Zeitgenosse der Brüder Grimm, hatte ja rhetorisch gefragt: Woher anders habe denn Dante den Stoff zu seinem *Inferno* genommen, als aus unsrer wirklichen Welt?

Rotenburg

Eine andere Frage ist, ob der Hintergrund von *Hänsel und Gretel* damit wirklich ausreichend beleuchtet wird. Fällt das Geschwisterpaar fast einer Hexenmesse zum Opfer, wie sie der Volksgeist sich damals ausgeträumt hat?

Dagegen spricht mindestens zweierlei. Zum einen gibt es keine Messe, schwarz oder weiß, die von einer einzigen Person bestritten wird. Es muß nicht wie in Goethes *Faust* ein ganzer von Hexen wimmelnder Blocksberg sein, auf den man zur Messe herbeifliegt. Aber eine einzige Teilnehmerin ist doch etwas wenig. Auch bei Thomas Mann ist man immerhin zu zweit, und das in einem ordentlichen Tempel. Die Grimmsche Hexe wohnt alleine im Wald und scheidet damit für Schwarzen Sabbat und rituelle Festivitäten aus.

Der andere Einwand gegen die These wäre: Es gäbe keine

Notwendigkeit, das zu opfernde Kind vor dem Ritualmord zu mästen. Bei der Opferung zählt alleine der böse sakrale Akt, nicht des Opfers fetter Finger und die in Aussicht stehenden Kalorien.

Womit wir auf die allgemeiner gefaßte Frage zurückkommen: Warum sollte überhaupt jemand einen anderen aufessen? Leider wird die Antwort auf diese einfache Frage durch schaurige Vorkommnisse der jüngsten Zeit etwas kompliziert. Allzu üppig wurde in der Presse im Jahr 2001 der Kannibalismus-Fall aus Rotenburg ausgebreitet. Zwei Männer hatten sich im Internet verabredet und in Rotenburg getroffen, wo der eine den andern mit dessen Einwilligung schlachtete und verspeiste. Auch wenn wir uns die Details hier ersparen wollen, ist der Fall durch eine Merkwürdigkeit doch mit unserem Thema verbunden. In den Zeitungen stand, daß sich der Delinquent bei seiner Vernehmung ausdrücklich auf *Hänsel und Gretel* berufen habe. Dieses Märchen habe ihn schon als Kind stark berührt.

Der Hungerturm von Ugolino

Solche seltenen Perversionen sollen aber nicht von unserer einfachen Frage ablenken. Warum würde jemand einen anderen aufessen? Die ebenso einfache Antwort: aus Hunger. Damit aber sind wir schon dicht am Kern. Hat die Hexe in Grimms Märchen diese Art der Nahrungszufuhr eigentlich nötig? Gerade nicht, denn sie lebt ja in einem Knusperhäuschen in Saus und Braus und hat unter keinerlei Mangel an Nährstoffen zu leiden. Es gibt sogar Delikatessen bei ihr, auch wenn Gretel nur die Krebsschalen bekommt. Wer aber sonst könnte so hungrig sein, daß er zu diesem letzten verzweifelten Mittel könnte greifen müssen – dem Mittel, das Dante im dreiunddreißigsten Gesang des *Inferno* so erschütternd geschildert hat?

Es war eben dieser Gesang, der auch Schopenhauer erschüttert hatte. Im vorletzten Gesang des *Inferno* beichtet die arme Seele Ugolinos dem Höllenbesucher Dante ihr Schicksal. Der Graf von Ugolino wurde zur Strafe für den Verrat an seiner Vaterstadt Pisa mit seinen Söhnen in einen Turm geworfen. Der Turm wurde verriegelt. Es ist eine der großen Stellen der Weltliteratur.

Und als ich vor dem Morgenlicht erwachte,
Hört ich im Schlafe meine Kinder weinen,
Die bei mir waren, und nach Brot verlangen.
Du bist recht grausam, kann dich dies nicht rühren,
Wenn du bedenkst, was meinem Herzen drohte,
Und wenn du hier nicht weinst, wann willst du weinen?
Sie wachten schon; es nahte sich die Stunde,
Da man die Nahrung uns zu bringen pflegte,
Doch jedem ahnte schlimm aus seinem Traume.
Ich aber hörte drunten schon vernageln
Das Tor des grausigen Turmes, und ich schaute
Ins Antlitz meiner Söhne ohne Worte.
Ich weinte nicht, ich ward zu Stein im Innern;
Sie weinten, und mein kleiner Anselmuccio
Sagte: «Du schaust so, Vater, fehlt dir etwas?»
Drum weint ich nicht und gab auch keine Antwort
Den ganzen Tag und auch die Nacht, die folgte,
Bis von der Erde schwand die zweite Sonne.
Sobald ein wenig Licht hereingedrungen
Zum schmerzensreichen Kerker, konnt ich sehen

In vier Gesichtern meinen eignen Anblick.
Da biß ich mich vor Schmerz in beide Hände,
Und jene, welche glaubten, daß aus Hunger
Ich so getan, sind sogleich aufgestanden
Und sagten: «Vater, unser Schmerz wär kleiner,
Wenn du von uns würdst essen, denn du schenktest
Dies arme Fleisch uns, du sollst es auch nehmen.»
Da war ich still, sie mehr nicht zu betrüben;
Den und den nächsten Tag schwiegen wir alle.
Was tatst du dich nicht auf, o harte Erde!
Als wir zum vierten Tag gekommen waren,
Warf Gaddo sich mir lang zu meinen Füßen
Und sprach: «Mein Vater, kannst du mir nicht helfen?»
So starb er, und so wahr du mich hier siehest,
Sah ich die dreie nacheinander fallen
Am fünften und am sechsten Tag; ich selber,
Schon blind, begann um sie herumzukriechen.
Zwei Tage rief ich sie, als sie gestorben;
Dann war der Hunger stärker als die Trauer.

Wem sich beim letzten Satz keine Gänsehaut aufstellt, der hat statt eines Herzens einen Stein in der Brust.

Wer Hänsel in Wahrheit fressen will

In Dantes *Göttlicher Komödie* wird der Vater zum Kannibalen an seinen Kindern. Das Märchen der Brüder Grimm beginnt bekanntlich so:

> Vor einem großen Walde wohnte ein armer Holzhacker, der hatte nichts zu beißen und zu brechen und kaum das tägliche Brot für seine Frau und seine zwei Kinder, Hänsel und Grethel. Endlich kam die Zeit da konnte er auch das nicht schaffen, und wußte keine Hülfe mehr für seine Not. Wie er sich nun Abends vor Sorge im Bett herumwälzte, sprach seine Frau zu ihm «hör, Mann, morgen früh nimm die beiden Kinder, gib jedem noch ein Stückchen Brot, dann führe sie hinaus in den Wald, mitten inne, wo er am dicksten ist, da mach ihnen ein Feuer an, und dann geh weg, und laß sie dort allein: wir können sie nicht länger ernähren.» «Nein, Frau», sagte der Mann, «wie soll ich übers Herz bringen, meine eigenen lieben Kinder den wilden Tieren im Wald zu überliefern, die würden sie bald zerrissen haben.» «Wenn du das nicht tust», sprach die Frau, «so müssen wir alle miteinander Hungers sterben.»

So müßten sie alle miteinander Hungers sterben – es sei denn … Das Geheimnis von *Hänsel und Gretel* ist, daß es seine wahre Geschichte aufspaltet. Die wahre Geschichte wäre zu grausam, deshalb wird eine zweite Deck- und Tarngeschichte eingeführt. Die wahre Geschichte spielt nicht an zwei Orten, sondern an einem einzigen Ort. Was den Kindern von der Hexe droht, ist das, was ihnen von der Mutter droht.

Blieben sie zu Hause, drohte ihnen eben das Schicksal, dem sie im Knusperhaus gerade noch entkommen. Die hexenhafte Mutter täte Gretel am Ende an, was die mütterliche Hexe ihr antun will. Das Thema von *Hänsel und Gretel* ist eines der traumatischsten und tabuträchtigsten der Menschheitsgeschichte: Kindskannibalismus aus Hungersnot.

Simplicissimus im Krieg

1618 bis 1648: diese Daten lassen den Lesern wohl nicht mehr das Blut in den Adern gefrieren. Sie bezeichnen Anfang und Ende einer der bestialischsten Phasen der europäischen Geschichte vor den zwei Weltkriegen des letzten Jahrhunderts. Der Dreißigjährige Krieg bedeutete den Zusammenbruch der Gesittung und ein kollektives Trauma, von dem sich besonders die Deutschen lange nicht erholen sollten – manche Historiker sagen: bis heute nicht. Es war der blutigste Krieg um ein geistiges Thema: ein Religionskrieg, bei dem die Katholiken versuchten, die Protestanten in Deutschland zu rekatholisieren. Söldnerheere, zusammengewürfelt vor allem aus Spaniern, Italienern und Kroaten, bahnten sich ihren Weg durch Deutschland. Weil sie ohne Lohn blieben, ernährten sie sich vom eroberten Gebiet; plünderten, brandschatzten, folterten und vergewaltigten so lange, bis die Bevölkerung panisch in die Wälder floh. Die jungen Männer schlossen sich, um zu überleben, den marodierenden Truppen an. Die Protestanten holten die Schweden ins Land, die das gleiche taten: das Vieh schlachteten, die Häuser, Hütten und Felder niederbrannten, die Frauen vergewaltigten.

Das eindrücklichste Bild dieser Zeit gibt noch heute nicht eine historische Studie, sondern der 1667 veröffentlichte *Simplicissimus* von Grimmelshausen. Am Anfang des Buches erzählt Simplicissimus, wie seine Familie von Soldaten überfallen und ihr Haus geplündert wird. Nur scheinbar mildert die naive Erzählweise des kindlichen Augenzeugen, der gar nicht recht begreift, was geschieht, den Horror des Bezeugten. In Wahrheit wird der Horror gerade durch diesen Kontrast hervorgehoben. Mehr als einen kurzen Auszug daraus wollen wir uns nicht zumuten.

> Da fing man erst an, die Stein von den Pistolen, und hingegen an deren Statt der Bauren Daumen aufzuschrauben, und die armen Schelmen so zu foltern, als wenn man hätt Hexen brennen wollen, maßen sie auch einen von den gefangenen Bauren bereits in Backofen steckten, und mit Feuer hinter ihm her waren, ohnangesehen er noch nichts bekannt hatte; einem andern machten sie ein Seil um den Kopf und reitelten es mit einem Bengel zusammen, daß ihm das Blut zu Mund, Nas und Ohren heraus sprang. In Summa, es hatte jeder seine eigene Invention, die Bauren zu peinigen, und also auch jeder Bauer seine sonderbare Marter. Allein mein Knan war meinem damaligen Bedünken nach der glückseligste, weil er mit lachendem Mund bekennete, was andere mit Schmerzen und jämmerlicher Weheklag sagen mußten, und solche Ehre widerfuhr ihm ohne Zweifel darum, weil er der Hausvater war, denn sie setzten ihn zu einem Feuer, banden ihn, daß er weder Händ noch Füß regen konnte, und rieben seine Fußsohlen mit angefeuchtem Salz, welches ihm unser alte Geiß wieder ablecken, und dadurch also kitzeln mußte, daß er vor Lachen hätte zerbersten mögen; das kam so artlich, daß ich Gesellschaft halber, oder weil ichs nicht besser verstund, von Herzen mitlachen mußte.

Auch hier also wieder der Backofen, in dem nicht nur Hexen, sondern auch reiche Bauern ein elendes Ende fanden. Man macht es sich nicht immer genügend klar: *Das* ist die Welt der Grimmschen Märchen. Noch die vielen abgedankten, abgebrannten Soldaten, die durch sie streunen, sprechen von der Entstehungszeit, dem Dreißigjährigen Krieg.

Dessen Bilanz war verheerender als die jedes europäischen Krieges zuvor. In manchen Gebieten, wie in Hessen und Magdeburg, waren zwei Drittel der Bevölkerung umgekommen. Seuchen breiteten sich aus, die Pest wütete, Geschlechtskrankheiten ließen die Menschen am lebenden Leib verfaulen, die Hexenhysterie brach aus, religiöse Sekten sprossen aus dem verwüsteten Boden.

Das war aber auch alles, was aus ihm sproß. In den Städten und den Wäldern, in die sich die Landbevölkerung flüchtete, kam es zu furchtbaren Hungerkatastrophen. Zu allen Zeiten wird bei diesen Katastrophen die Hemmung vor dem großen Menschheitstabu zermürbt. Der englische Schriftsteller Martin Amis erwähnt in seiner Studie über Stalin die vielen Fälle von Kannibalismus in der Frühzeit der Sowjetunion; nicht nur in den eingeschlossenen Städten während des Vernichtungskriegs der Deutschen, sondern auch während der – durch Stalin künstlich erzeugten – Hungersnöte in der Ukraine. Es ist keine Frage, daß es auch im Hunger des Dreißigjährigen Krieges immer wieder zu Kannibalismus an Kindern gekommen sein muß. Die Märchen, auch wenn man es nicht merkt, bewahren die Erinnerung daran.

Der Räuberbräutigam

Immer wieder berühren sie das Motiv des Kannibalismus. In Varianten spielt es sogar bei Rotkäppchen hinein. Nicht, weil der Wolf die Großmutter frißt, sondern weil Rotkäppchen in einer solchen Variante selbst unwissentlich vom Fleisch der Großmutter ißt. Ein anderes Beispiel ist das wenig bekannte Stück *Der Räuberbräutigam.* Dort verlobt sich eine junge Frau mit einem Mann, der ihr im tiefsten Herzen aber unheimlich ist. Der Bräutigam fordert sie auf, sie möge sein Haus im Wald besuchen. Sie folgt der Aschenspur, die er gelegt hat, und stößt im tiefsten Wald auf ein offenbar bewohntes Haus. Sie tritt ein und findet zunächst niemanden vor.

> Da ging die schöne Braut weiter aus einer Stube in die andere, und ging durch das ganze Haus, aber es war alles leer und keine Menschenseele zu finden. Endlich kam sie auch in den Keller da saß eine steinalte Frau, und wackelte mit dem Kopfe. «Könnt ihr mir nicht sagen», sprach das Mädchen, «ob mein Bräutigam hier wohnt?» «Ach, du armes Kind», antwortete die Alte «wo bist du hingeraten! du bist in einer Mördergrube. Du meinst du wärst eine Braut, die bald Hochzeit macht, aber deine Hochzeit soll mit dem Tode sein. Dein Bräutigam will dir das Leben nehmen. Siehst du, da hab ich einen großen Kessel mit Wasser aufsetzen müssen, wenn sie dich in ihrer Gewalt haben, so zerhacken sie dich ohne Barmherzigkeit, kochen dich und essen dich, denn es sind Menschenfresser. Wenn ich nicht Mitleiden mit dir habe und dich rette, so bist du verloren».
> Darauf mußte sich das Mädchen hinter ein großes Faß verstecken. «Sei wie ein Mäuschen still», sagte die Alte, «und reg dich nicht, und beweg dich nicht, sonst ists um dich geschehen. Nachts wenn die Räuber schlafen, wollen wir entfliehen, ich habe schon lange auf eine Gelegenheit gewartet, die mich aus ihrer Gewalt erlöste.» Kaum hatte sich das Mädchen ver-

> steckt, so kam die gottlose Rotte nach Haus. Sie brachten eine andere Jungfrau mitgeschleppt, waren trunken, und hörten nicht auf ihr Schreien und Jammern. Sie gaben ihr Wein zu trinken, drei Gläser voll, ein Glas weißen, ein Glas roten, und ein Glas gelben, davon zersprang ihr das Herz. Darauf rissen sie ihr die feinen Kleider ab, legten sie auf einen Tisch, und zerhackten ihren schönen Leib in Stücke, und streuten Salz darüber. Die arme Braut hinter dem Faß zitterte und bebte, denn sie sah wohl daß ihr die Räuber ein gleiches Schicksal zugedacht hatten. Einer von ihnen bemerkte an dem kleinen Finger der Gemordeten einen goldenen Ring, und als er sich nicht gleich abziehen ließ, so nahm er ein Beil und hackte den Finger ab, aber der Finger sprang in die Höhe, und fiel der Braut gerade in den Schoß.

Dieser Ring wird das Beweismittel sein, mit dem die Braut den mörderischen Bräutigam bei der Hochzeitsfeier entlarvt. Der Böse erbleicht, und die Bande wird gerichtet. Das glückliche Ende täuscht nicht darüber hinweg, daß sich in diesem Kannibalen-Märchen ganz offenkundig eine sadistisch-sexuelle Phantasie Luft verschafft. Warum sonst würde der schöne Leib der Jungfrau so betont, der erst entblößt und dann zerhackt wird? Offenbar sind die Rotenburger Perversionen auch der Zeit der Grimmschen Märchen nicht fremd. Offenbar sind sie menschheitlich.

Kastanien im Feuer: Trauma und Tabu

Dennoch ist der Hintergrund der meisten Märchen nicht Perversion, sondern die nackte Hungersnot. Sie ist der Hintergrund auch der versteckten Geschichte von Hänsel und Gretel. Wenn unsere These stimmt, sind Gretels Mutter und die Hexe in Wahrheit *eine* aufgespaltene Figur. Es gibt ein Detail, das diese Lesart zu bestätigen scheint. An dem Morgen, an dem sie im Wald ausgesetzt werden sollen, weckt die Mutter die Kinder mit dem barschen Ruf: «Wacht auf, ihr Faulenzer». Das ist fast wörtlich der Ruf, mit dem auch die Hexe Gretel weckt: «Steh auf, Faulenzerin».

Auch das oft überlesene Ende des Märchens deutet darauf hin, daß Mutter und Hexe wie Stevensons Dr. Jekyll und Mr. Hyde die zwei Seiten einer Persönlichkeit sind. Nach der Ausschaltung der Hexe überqueren die Geschwister den bereits erwähnten Fluß. Was dann geschieht, wird meistens gar nicht mehr richtig notiert.

> Darnach fanden sie bald ihre Heimat. Der Vater freute sich herzlich als er sie wieder sah, denn er hatte keinen vergnügten Tag gehabt, seit seine Kinder fort waren. Die Mutter aber war gestorben. Nun brachten die Kinder Reichtümer genug mit, und sie brauchten für Essen und Trinken nicht mehr zu sorgen.

Nur ein unscheinbarer Satz klärt uns darüber auf, wie hier zwei Schicksale dezent miteinander verbunden werden. «Die Mutter aber war gestorben» – natürlich: denn auch die Hexe ist ja gestorben, und wenn die Hexe das andere Ich der Mutter ist, kappt der Tod die verzwirnten Lebensfäden mit *einem* Schnitt. Wenn die eine stirbt, muß auch die andere sterben: in dem Moment, in dem die Hexe im Ofen verbrennt, fällt am Rand des Waldes die Mutter tot um.

Nach ihrem Tod wendet sich das Märchen im allerletzten Satz wieder dem Thema zu, das es im ersten Satz angeschlagen hat: dem Hunger und seinem erträumten Gegenteil. Das glückliche Ende gehört fast zwingend zum Märchen. Am Ende müssen alle Sorgen vergehen, und Essen und Trinken quellen bis in alle Ewigkeit. Das Schlaraffenland ist nicht real; um so realer aber der Kern, den das Märchen aufbewahrt.

Dieser Kern ist ein Glutkern: etwas Traumatisches, ein starkes Tabu. Dieses Tabu wird erst in der Asbesthaut der runden Geschichte transportabel und mitteilbar. Märchen sind deshalb unsterblich, weil sie solche Tabus als Glutkerne einbauen. Zugleich aber mildern sie die verletzende Strahlkraft dieser Kerne auf ein warmes Glimmen herunter. Die Hexe endet im Ofen, und daß es eigentlich die Mutter ist, die ihre Kinder geschlachtet haben würde, wird nirgends gesagt. Nur indirekt wird es angedeutet, und genau dieses Indirekte ist der Trick der Märchen und das Geheimnis ihres Erfolgs.

Jeder Mensch weiß es: Das Schlimmste ist das, wovon nicht gesprochen werden kann. Und darum aber auch umgekehrt: gerade das Schlimme drängt danach, in irgendeiner Form besprochen zu werden. Eben dazu gibt es Märchen. Sie sprechen von den ältesten und von den jüngsten Menschheitserfahrungen, unter denen viele grausame sind. Sie tun es aber auf eine Weise, die den Erzählern und Zuhörern wohltut. Wer Märchen hört oder liest, muß nicht die Kastanien aus dem Feuer holen. Er kann sie leichtmütig schälen und genießen. Nur darüber keine Illusionen: Es ist Feuer, und manchmal Höllenfeuer, aus dem die Märchen kommen.

V.
Das Kunstmärchen als Trojanisches Pferd: Andersens Seejungfrau

Das gilt manchmal sogar für die Kunstmärchen. Was soll aber das für eine Zwittergattung sein? Entweder Kunst oder Märchen, sollte man meinen; beides zusammen ist ein hölzernes Eisen. Das mag es in gewisser Weise auch sein. Aber weil es dieses hölzerne Eisen nun einmal gibt, wollen wir doch einmal prüfend darauf klopfen.

Die Kunstmärchen haben mit den Volksmärchen eine Menge gemeinsam. Auch in ihnen ist das Übernatürliche normal. Kein Mensch dreht sich hier nach einem Riesen oder einer Hexe um, denn Riesen oder Hexen gehören dazu. Auch hier liegen Zeit und Ort der Handlung im Nebel. Auch in ihnen sind Gut und Böse klar verteilt, und auch in ihnen gibt es eine Art Moral. Anders als die Volksmärchen sind die Kunstmärchen aber ehrgeiziger und sorgfältiger komponiert. Und das Entscheidende: Sie haben ein Titelblatt, auf dem der Name ihres Verfassers steht.

Die Gattung ist ehrwürdig und alt. Schon im zweiten Jahrhundert n. Chr. schrieb Apuleius das Kunstmärchen *Amor und Psyche*. Im französischen Rokoko las man galante Feenmärchen, die aber an Perrault nicht heranreichen. In der deutschen Romantik blühte das Genre erwartungsgemäß auf. Novalis erfand ein Kunstmärchen für seinen *Heinrich von Ofterdingen* – unlesbar wie fast alle längere Prosa von ihm. Goethe schrieb ein Kunstmärchen am Ende der *Unterhaltungen deutscher Ausgewanderter.* Um ihm viel abgewinnen zu können, muß man ein sehr inniger Goethe-Freund sein und Spaß haben am Entschlüsseln von Allegorien.

Der verkaufte Schatten

Lebendiger geblieben sind andere Kunstmärchen aus der Zeit, der Goethe freilich ihren Namen gab. *Der goldne Topf* von E. T. A. Hoffmann zählt dazu, der mit den *Elixieren des Teufels* und dem *Kater Murr* großen Einfluß auf Autoren wie Edgar Allan Poe oder Fjodor Dostojewskij ausübte. Auch der *Zwerg Nase* von Wilhelm Hauff ist populär geblieben, ebenso wie sein *Kalif Storch.* Noch wichtiger war *Peter Schlemihls wundersame Geschichte* von Adelbert von Chamisso. Sie handelt davon, wie der unscheinbare Schlemihl bei einem Gartenfest von einem ältlichen grauen Herrn angesprochen wird und einen Handel begeht, den er später bereuen wird. Die Schlüsselszene dieses 1813 erschienenen Märchens, das den Teufel nicht beim Namen nennt, ist nicht ohne Zweideutigkeiten.

> Ich hatte mich schon wirklich durch den Rosenhain, den Hügel hinab, glücklich geschlichen, und befand mich auf einem freien Rasenplatz, als ich aus Furcht, außer den Wegen durchs Gras gehend angetroffen zu werden, einen

forschenden Blick um mich warf. – Wie erschrak ich, als ich den Mann im grauen Rock hinter mir her und auf mich zukommen sah. Er nahm sogleich den Hut vor mir ab, und verneigte sich so tief, als noch niemand vor mir getan hatte. Es war kein Zweifel, er wollte mich anreden, und ich konnte, ohne grob zu sein, es nicht vermeiden. Ich nahm den Hut auch ab, verneigte mich wieder, und stand da in der Sonne mit bloßem Haupt wie angewurzelt. Ich sah ihn voller Furcht stier an, und war wie ein Vogel, den eine Schlange gebannt hat. Er selber schien sehr verlegen zu sein; er hob den Blick nicht auf, verbeugte sich zu verschiedenen Malen, trat näher, und redete mich an mit leiser, unsicherer Stimme, ungefähr im Tone eines Bettelnden.

«Möge der Herr meine Zudringlichkeit entschuldigen, wenn ich es wage, ihn so unbekannter Weise aufzusuchen, ich habe eine Bitte an ihn. Vergönnen Sie gnädigst –» – «Aber um Gottes willen, mein Herr!» brach ich in meiner Angst aus, «was kann ich für einen Mann tun, der –» wir stutzten beide, und wurden, wie mir deucht, rot.

Er nahm nach einem Augenblick des Schweigens wieder das Wort: «Während der kurzen Zeit, wo ich das Glück genoß, mich in Ihrer Nähe zu befinden, hab ich, mein Herr, einige Mal – erlauben Sie, daß ich es Ihnen sage – wirklich mit unaussprechlicher Bewunderung den schönen, schönen Schatten betrachten können, den Sie in der Sonne, und gleichsam mit einer gewissen edlen Verachtung, ohne selbst darauf zu merken, von sich werfen, den herrlichen Schatten da zu Ihren Füßen. Verzeihen Sie mir die freilich kühne Zumutung. Sollten Sie sich wohl nicht abgeneigt finden, mir diesen Ihren Schatten zu überlassen.»

Schlemihl läßt sich auf den Handel ein und lebt fortan schattenlos. Bald ist er ein Paria in der Gesellschaft. Warum genau? Die jüngere Forschung hat nicht übersehen, daß die beiden Männer rot werden bei ihrer vertraulichen Unterredung im Park, als gehe es um ein unzüchtiges Angebot – so wenig wie sie Chamissos stürmische Liebesbriefe an seinen Freund übersah, eine gewissen Louis de La Foye. Nicht ohne Grund hat Thomas Mann öfter auf den Schattenverkauf angespielt und Chamisso einen bewundernden Essay gewidmet. Aber davon abgesehen: Auch auf Jugendbuchautoren hat der Schlemihl eingewirkt. Noch James Krüss und Michael Ende stehen in der Tradition, um nicht zu sagen: im Schatten dieser Märchenfigur.

Von Brentano zu Büchner

Es war ein Zeitgenosse des Schlemihl-Schöpfers, der am Kunstmärchen die erste Silbe hervorhob und am stärksten zum Leuchten brachte. In der Zueignung seines berühmten Märchens *Gockel, Hinkel und Gackeleia* fällt das Wort Kunst gleich zweimal. Der Ton des Folgenden, das Verspielte und Artistische, geht schon aus dieser Widmung hervor.

Keiner Puppe, sondern nur
Einer schönen Kunstfigur

weihe ich

dieses Paradieschen, diese Rarität, diese Kunst,
diese verspäteten Schmetterlinge,

dieses Adonisgärtchen,
dieses Mährchen

> Sie halte ihnen den Daumen, friste ihnen das Leben,
> laße sie welken und sterben auf kindlichen Händen.

Der große Lyriker Clemens Brentano, Anstifter der Brüder Grimm, hatte gewissermaßen die Seiten gewechselt und verfaßte selber Kunstmärchen. Und er kokettiert mit diesem Seitenwechsel. Der Schauplatz von *Gockel, Hinkel und Gackeleia* ist nicht zufällig Hanau – der Geburtsort der Grimms, mit deren Volksmärchen Brentano in scherzhafte Konkurrenz tritt.

> In Deutschland in einem wilden Wald, zwischen Gelnhausen und Hanau, lebte ein ehrenfester bejahrter Mann, und der hieß Gockel. Gockel hatte ein Weib, und das hieß Hinkel. Gockel und Hinkel hatten ein Töchterchen, und das hieß Gackeleia. Ihre Wohnung war in einem wüsten Schloß, woran nichts auszusetzen war, denn es war nichts darin, aber viel einzusetzen, nämlich Thür und Thor und Fenster. Mit frischer Luft und Sonnenschein und allerlei Wetter war es wohl ausgerüstet, denn das Dach war eingestürzt und die Treppen und Decken und Böden waren nachgefolgt. Gras und Kraut und Busch und Baum wuchsen aus allen Winkeln, und Vögel, vom Zaunkönig bis zum Storch, nisteten in dem wüsten Haus. Es versuchten zwar einigemal auch Geier, Habichte, Weihen, Falken, Eulen, Raben und solche verdächtige Vögel sich da anzusiedeln, aber Gockel schlug es ihnen rund ab, wenn sie ihm gleich allerlei Braten und Fische als Miethe bezahlen wollten.

Man bemerkt, welch wortspielerischen Charme schon der Anfang dieses dann sehr Huhn-zentrierten Märchens entfaltet. Von allen deutschen Dichtern, hatte Friedrich Nietzsche zu Recht bemerkt, habe Brentano am meisten Musik im Leibe. Eine Musik freilich, die nicht ländlerhaft volkstümlich erklang, sondern ätherisch bis leicht überdreht.

Ein Jahr vor *Gockel, Hinkel und Gackeleia* entstand ein Kunstmärchen, das schon einer anderen Epoche anzugehören scheint. Es ist von einem Autor, der ganze dreiundzwanzig Jahre alt wurde und in dieser kurzen Zeit das deutsche Drama revolutionierte. Georg Büchners 1837 geschriebener *Woyzeck* enthält ein Märchen, das mit allen ungeschriebenen Gesetzen des Genres bricht. Es ist ein Anti-Märchen *avant la lettre*; geschrieben hundertfünfzig Jahre bevor der Markt mit Anti-Struwwelpetern und anderer 68er-Ware überschwemmt wurde. In der Sprachform, die das Mündliche und Knorzige hervorhebt, schließt sich Büchner dem Volksmärchen an. Aber inhaltlich höhlt er es aus und stülpt es komplett um.

> Es war einmal ein arm Kind und hatt' kein Vater und keine Mutter, war alles tot, und war niemand mehr auf der Welt. Alles tot, und es is hingangen und hat gesucht Tag und Nacht. Und weil auf der Erde niemand mehr war, wollt's in Himmel gehn, und der Mond guckt es so freundlich an; und wie es endlich zum Mond kam, war's ein Stück faul Holz. Und da is es zur Sonn gangen, und wie es zur Sonn kam, war's ein verwelkt Sonneblum. Und wie's zu den Sternen kam, waren's kleine goldne Mücken, die waren angesteckt, wie der Neuntöter sie auf die Schlehen steckt. Und wie's wieder auf die Erde wollt, war die Erde ein umgestürzter Hafen. Und es war

ganz allein. Und da hat sich's hingesetzt und geweint, und da sitzt es noch und is ganz allein.

Man sieht, wie hier ein uralter Vertrag gebrochen wird. Der Hörer eines Märchens hat ein Recht darauf zu hoffen, daß es gut ausgeht. Aber hier wartet am Ende nichts Versöhnliches, sondern der nackte Nihilismus. Der Kosmos ist kalt und leer, Trost für das verlassene Kind ist nirgends. Wenn sie nicht gestorben sind, dann leben sie noch heute – die alte Märchenformel wird in dieser düsteren Vision in ihr Gegenteil verkehrt. Wenn das Kind nicht aufgestanden ist, dann sitzt und weint es noch heute. Man tritt Büchners Genie übrigens nicht zu nahe, wenn man hier schon ein paar Senfkörner von dem findet, was bei seinen expressionistischen Nachfahren als Saurer Kitsch aufblühen wird.

Feuerzeug und Zuckerferkel

Traditioneller als in Deutschland war, was die Briten aus dem Kunstmärchen machten. Selbst wenn sich das Enfant terrible Oscar Wilde am Genre versuchte, war es doch mit ein paar jugendstilhaften Ranken zuviel. Ein reizvoller Ausreißer ist Lewis Carrolls *Alice im Wunderland* – ebenfalls ein Kunstmärchen, wenn man den Begriff weit genug faßt. Und auch die *Narnia*-Reihe von C. S. Lewis und die sieben Bände *Harry Potter* sind im Grunde welche, denn wenn das Kunstmärchen zum Roman anschwillt, mündet es in das Genre Fantasy.

Einer der größten Vertreter des Kunstmärchens, wenn nicht der größte überhaupt, stammt aus der dänischen Provinz. Er folgte nur eine Generation auf die Brüder Grimm, bei denen er sich reichlich bedient. Auch bei ihm finden wir ein Märchen, in dem eine Hexe ihr Unwesen treibt. Aber es ist nicht mehr die Atmosphäre des Dreißigjährigen Krieges. Wir sind im bürgerlichen Skandinavien des neunzehnten Jahrhunderts, was die Stimmung beträchtlich verändert.

> Auf der Landstraße kam ein Soldat dahermarschiert: Eins, zwei! Eins, zwei! Er hatte seinen Tornister auf dem Rücken und einen Säbel an der Seite, denn er war im Krieg gewesen und wollte nun nach Hause. Da begegnete er einer alten Hexe auf der Landstraße; sie sah sehr widerlich aus. Ihre Unterlippe hing ihr gerade bis auf die Brust hinab.

Die Hexe – sie trägt eine blaukarierte Schürze – bittet den Soldaten, für sie in einen hohlen Baum zu klettern. Dort sind Schätze aufbewahrt, die er gerne behalten darf. In drei Kammern stehen drei Truhen voll jeweils Kupfer, Silber oder Gold, bewacht von einem Hund mit Augen so groß wie Teetassen, so groß wie Mühlräder, so groß wie der Runde Turm. Ach ja, und ein blaues Feuerzeug möge er nicht vergessen, das wäre das einzige, was die Hexe behalten will.

Der Soldat steigt hinab und füllt sich die Taschen mit Kupfer, leert sie wieder und füllt sie mit Silber, schließlich steht er vor der dritten Truhe plus Hund.

> Gott bewahre! Was war da für eine Menge Gold! Er konnte dafür ganz Kopenhagen und die Zuckerferkel der Kuchenfrauen, alle Zinnsoldaten, Peitschen und Schaukelpferde in der ganzen Welt kaufen. Ja, das war wirklich Gold! Nun

warf der Soldat alle Silberschillinge fort, mit denen er seine Taschen und den Tornister gefüllt hatte, und nahm dafür Gold; ja, alle Taschen, der Tornister, die Mütze und die Stiefel wurden gefüllt, so daß er kaum gehen konnte. Nun hatte er Geld! Den Hund setzte er auf die Kiste, schlug die Tür zu und rief dann durch den Baum hinauf: «Zieh mich nur hinauf, du alte Hexe!»

«Hast du auch das Feuerzeug?» fragte die Hexe. «Wahrhaftig», sagte der Soldat, «das hätte ich ganz vergessen!» Und dann ging er und holte es. Die Hexe zog ihn herauf, und da stand er wieder auf der Landstraße, Taschen, Stiefel, Tornister und Mütze voll Gold.
«Was willst du nun mit dem Feuerzeug?» fragte der Soldat.
«Das geht dich nichts an!» sagte die Hexe. «Du hast ja Geld bekommen! Gib mir nur das Feuerzeug!»
«Schnickschnack!» sagte der Soldat. «Wirst du mir gleich sagen, was du damit machen willst, sonst ziehe ich meinen Säbel und schlag dir den Kopf ab!»
«Nein!» sagte die Hexe.
Sogleich schlug der Soldat ihr den Kopf ab. Da lag sie! Er aber band all sein Gold in ihre Schürze, nahm es wie ein Bündel auf seinen Rücken, steckte das Feuerzeug in die Tasche und ging geradewegs zur Stadt.

Das Feuerzeug, in dem sich natürlich ein Wunschmechanismus verbirgt. – Hört man, wie hier ein ganz neuer Ton angeschlagen wird und eine ganz neue Luft durchs Märchenreich weht? Auch so also kann man mit Hexen umspringen. Man sagt «Schnickschnack!» und enthauptet sie. Der Stil unterscheidet sich spürbar von dem der Brüder Grimm, bei allen offensichtlichen Ähnlichkeiten. Wie in so vielen Grimmschen Märchen ist die Hauptfigur ein streunender Soldat und Tunichtgut, der vom Krieg heimkehrt. Die Handlung folgt ziemlich getreu dem Grimmschen Märchen *Das blaue Licht*. Klassisch märchenhaft ist die dreifache Wiederholung und Steigerung, klassisch ist der Anteil des Wunderbaren und Übernatürlichen, der im Märchen nicht fehlen darf. Und dennoch hat man bemerkt, daß hier irgend etwas anders ist.

Das neue Ferment: Ironie

Dieses Etwas ist der Unterschied zwischen dem Volksmärchen und dem Kunstmärchen. Das Kunstmärchen bedient sich der Volksmärchen – wie kunstvoll diese auch immer in Wahrheit waren –, aber es mischt ihnen ein neues Ferment bei: das Ferment der Ironie.

Das Dämonische zerfällt im Licht dieser Ironie wie Dracula im Sonnenlicht. Was soll das für eine gefährliche Hexe sein, wenn jeder dahergelaufene Soldat ihr mit einem Säbelstreich den Garaus machen kann? Schon ihre Benennung als «alte Hexe» schmälert ihre böse Kraft – das ist das Prinzip, seit Rumpelstilzchen sich selbst zerriß. Wer die alte Hexe erst einmal offen so nennt, hat nicht mehr viel zu fürchten vor ihr. Übrigens stärkt auch ihre karierte Schürze nicht eben den Eindruck der Dämonie.

Aber auch der Soldat entspricht nicht ganz dem Bild, das man sich von einem aus dem Krieg heimkehrenden Haudegen macht. Schließlich sind alle Wünsche, die er sich von dem unsauber erworbenen Gold zu erfüllen gedenkt, Kinderwünsche: Zinnsoldaten, Schaukelpferde, Zuckerschweinchen.

Offensichtlich verständigt sich der Autor hier mit seinem kindlichen Publikum über den Kopf des rabiaten Rauhbeins hinweg. *Märchen, erzählt für Kinder* hieß denn auch die erste Sammlung dieser Kunstmärchen, die im Jahr 1835 in Dänemark erschien. Ihr Verfasser war Hans Christian Andersen, der Schöpfer des *Häßlichen Entleins*, der *Prinzessin auf der Erbse*, des *Standhaften Zinnsoldaten*, der *Galoschen des Glücks*, des *Kaisers neue Kleider* sowie jenes Wunderfeuerzeugs, dessen Besitz unsern kaltblütigen Soldaten am Ende vorm Galgen retten wird.

Wie den Brüdern Grimm gelang auch H. C. Andersen Weltliteratur. Die kleine Seejungfrau, deren Statue Kopenhagen ziert, ist überall in der Welt bekannt, einige Dutzend anderer Märchen sind in alle Sprachen übersetzt. Lange hat man bei Andersen – ganz ähnlich wie bei den Brüdern Grimm – das Kunstvolle übersehen und ihn für naiv gehalten. Nun zeigt schon das erste Aufblitzen des *Feuerzeugs*, daß es hier mit allen anderen als naiven Mitteln zugeht. Andersen war ein abgefeimter Artist, ein Tüftler und Feiler, der alles immer wieder umschrieb und sich seine suggestive und ironische Sprachmusik erst geduldig erfunden hat.

Ironisch sind Kunstmärchen dabei schon fast per Definition. Als künstliche Neuschöpfungen können sie die Naivität der Form, derer sie sich bedienen, nur noch zitieren; sie können sie nicht mehr innerlich erfüllen. Das ließ sich spätestens bei Brentano nicht mehr übersehen. Gerade die naive, altehrwürdige, aber auch nicht ganz ernst zu nehmende Form – schließlich ist das «Märchen» das Diminutiv der «Maere» und schon darum eine kleine, nicht ganz seriös zu nehmende Geschichte –, gerade also diese alte, naive Form ist aber gelegentlich auch ein solides Trojanisches Pferd. In ihrem Innern versteckt sich die private Konfession.

Volksmärchen, hatten wir gesehen, handeln immer wieder von nackten Trieben, von Hunger und Mordlust und wölfischer Sexualität. Sie bringen Dinge zur Sprache, die das Licht scheuen müßten, würden sie nicht durch die vielen Filter der bunten Geschichte geschützt. Das indirekte Zur-Sprache-Bringen nimmt dem Erzähler wie dem Hörer etwas von dem Druck, den etwas Unbenennbares auf uns Sprachwesen ausüben muß. Wenn Volksmärchen Dunkles und Verstörendes behandeln, so verdichten sich in ihnen uralte Erfahrungen großer Gruppen. Auch die Kunstmärchen behandeln oft Tabus, nur sind es keine, die aus der Steinzeit rühren. Wer einen realen König nicht kritisieren darf, kann immer noch einen Märchenkönig schildern, hinter dem das wahre Vorbild durchschimmert. Man wird doch noch einmal Märchen erzählen dürfen!, kann sich der Autor immer herausreden. Solche vom Kunstmärchen überlistete Tabus sind also nicht menschheitlich, sondern politisch geformt. Manche Kunstmärchen behandeln aber auch private Tabus. *Die Kleine Seejungfrau* Hans Christian Andersens ist das beste Beispiel dafür.

Andersens Geheimnis

Millionen von Kindern haben mit dem Schicksal der armen Seejungfrau mitgelitten. Da hat sie sich in den Prinz verliebt und ihren Fischschwanz bei der Meerhexe gegen Menschenbeine getauscht, nur um an Land zu gehen und in seiner Nähe zu sein. Und was passiert? Der Prinz zieht echte Menschenfrauen vor und verweigert ihr den Platz in seinem Schlafzimmer. Das Schlimmste dabei: Die kleine Seejungfrau kann nicht einmal klagen und ihre wahre Geschichte erzählen, denn bei dem Tauschgeschäft hat ihr die Meerhexe die Zunge abgeschnitten.

Andersen verschlüsselt in diesem Märchen seine ganz persönliche Leidensgeschichte, wie man allmählich herausgefunden hat – ähnlich wie Chamisso, der seinen Schlemihl als stigmatisierten Außenseiter anlegt. Der dänische Dichter liebte Männer und empfand sich selbst als ein ebenso ungewöhnliches Zwitter- und Zwischenwesen, wie es die Seejungfrau mit ihrem ungewöhnlichen Unterleib war. So wenig wie die Seejungfrau konnte er über sein Lebensproblem und Lebenstabu sprechen – eben darum, um das Schweigegebot in ein Symbol zu fassen, läßt er der kleinen Seejungfrau die Zunge abschneiden. Ebensowenig wie die Seejungfrau von ihrem Prinzen wird Andersen von der großen Liebe seines Lebens, dem Sohn seines Förderers Collin, als Liebender ernst- oder auch nur wahrgenommen.

Andersen umwarb Edvard Collin und suchte seine Nähe, aber der fand ihn aufdringlich und verscheuchte ihn wie eine lästige Bremse. Als Collin heiratet, wie der Prinz im Märchen, stürzt sich Andersen zwar nicht ins Meer, aber flieht nach Deutschland, wo er mit der Niederschrift der *Kleinen Seejungfrau* beginnt. Der «Messertanz der Kunst» – ein Ausdruck aus dem *Tonio Kröger* Thomas Manns – muß ihn fortan über das Unerfüllte und nicht zu Erfüllende seines Liebeslebens hinwegtrösten – so wie die kleine Seejungfrau kunstvoll tanzen muß und sich dabei nicht anmerken lassen darf, daß es ihr bei jedem Schritt wie mit Messern in die neuerworbenen Beine sticht.

Die Schleier der Camouflage

Wenn eben davon die Rede war, der Autor verständige sich über den Kopf der Figur hinweg mit seinem kindlichen Publikum, so gilt hier genau das Umgekehrte. Generationen von Kindern haben *Die kleine Seejungfrau* gelesen, ohne von ihrem geheimen Innenleben etwas zu ahnen. Auch nur die wenigsten Erwachsenen bekamen von diesem brodelnden Innern etwas mit. Wie Andersen sein Leben lang die Form des Märchens benutzte, um darin von seinem Lebenstabu zu handeln, hat die ordentliche Philologie erst in den letzten Jahrzehnten nachgewiesen. Den Durchbruch brachte eine Studie Heinrich Deterings. Sie trägt den Titel *Das offene Geheimnis* und untersucht in ihrem Andersen-Kapitel die Hüllen und halb-durchsichtigen Schleier, die Andersen durchaus nicht unbewußt, sondern sehr kalkuliert über den Kern des eigentlich zu Erzählenden warf. Halb transparent waren diese Hüllen deshalb, weil sie zwar einerseits den Autor schützen mußten, andererseits aber das eigentlich Gemeinte in unverfänglicher Form durchblitzen lassen sollten. Es ist eine Technik, die man Camouflage nennt.

Eine Schlüsselszene in der *Seejungfrau* mag das Verfahren verdeutlichen. Es ist eine Szene ohne jede weitere Bedeutung für den Fortgang der Handlung, was sie alleine schon auffällig macht. Der Prinz nimmt die kleine Seejungfrau eines Tages zu einem Ausritt mit. Dafür legt sie sich eine eigens dafür geschneiderte Männertracht an. Nun könnten Frauen notfalls auch in Röcken ausreiten. Aber wie man Andersens Manuskript entnehmen kann, in dem die «Männertracht» noch nachträglich hervorgehoben wird, ging es dem Autor um genau dieses

Detail. Die scheinbare Nebensächlichkeit des Kleidertauschs sollte andeuten, daß es gerade keine Frau, sondern ein Mann war, der in dem geplagten Zwitterwesen steckte; ein Mann, der einen andern verzweifelt und sprachlos umwarb. Mit derselben Umsicht achtete Andersen darauf, daß in seiner Liebeslyrik das Geschlecht des Besungenen immer hübsch im Unklaren blieb. Gerne waren es ein Paar «schöne braune Augen», denen das lyrische Ich huldigte; Augen, von denen niemand zu sagen vermochte, ob unter ihnen eine Frauenlippe oder ein Schnurrbärtchen prangt.

Camouflage-Technik bedeutet also, daß der Eingeweihte zwischen den Zeilen lesen und den Subtext bitteschön verstehen mochte. Und genau dies geschah auch, noch lange bevor die Philologie ihre Instrumente zücken sollte.

Das rote Kreuzchen

Wer keinerlei Belehrung durch Germanisten nötig hatte, das war der Autor, der in Lübeck im selben Jahr 1875 geboren wurde, in dem Hans Christian Andersen starb. Die Übergabe des Staffelstabs gelang. Als Thomas Mann 1928 nach dem stärksten literarischen Eindruck seines Lebens befragt wurde, antwortete er, nicht Schopenhauer, nicht Nietzsche, nicht Tolstoi, nein: Andersens Märchen. In der Andersen-Ausgabe, die sich in seinem Zürcher Nachlaß befindet, kann man noch heute nachblättern und die Lesespur in der *Kleinen Seejungfrau* betrachten. Ein rotes Kreuzchen markiert die Stelle, an der es von der Seejungfrau heißt: «denn sprechen konnte sie ja nicht». Thomas Mann verstand, was Andersen damit sagen wollte, und erkannte viel seiner eigenen Problematik in dem Vorgänger wieder. Es ist darum nicht überraschend, daß auch viele Märchen Andersens durch sein Werk spuken, und nicht nur solche der Brüder Grimm. Tonio Krögers Messertanz der Kunst hatten wir zitiert. Wenn in Davos auf dem Zauberberg plötzlich Polarluft einströmt, kommt sie aus den Gefilden der Schneekönigin. Und wenn der Held aus dem *Doktor Faustus* eine Geliebte hat, ist es selbstredend die kleine Seejungfrau.

VI.
Scheherazade und Mädchen mit Flügeln. Ausblick vom Zauberberg

Der Zauberberg ist aber nicht der einzige Märchenroman seiner Generation. Im selben Jahrzehnt, in dem Thomas Mann in München an seinem Davos-Roman schrieb, entstand in Paris ein Hauptwerk der modernen Literatur. Sein Verfasser wollte nicht mehr und nicht weniger hinterlassen als die *Contes arabes* seiner Epoche.

Schon sein Jugendroman hatte ein Märchen erzählt. Er trug den Titel *Jean Santeuil*, an dem man nur ein wenig zupfen mußte, um ihn als *Jean sans deuil*, also Hans ohne Grimm, oder gleich richtig: als Hans im Glück zu erkennen. Das Epochenwerk, das dem Erstling folgte, richtete seinen Blick dann in den Orient. Marcel Prousts *Auf der Suche nach der verlorenen Zeit* spielt zwar im modernen Frankreich. Aber insgeheim erzählt es Märchen aus Tausendundeiner Nacht.

Diese berühmteste Märchensammlung der arabischen Welt war von solch gewaltigem Einfluß, daß wir Proust für einen Moment warten lassen (er selbst ließ auch immer gern auf sich warten) und zu einer kleinen Exkursion aufbrechen wollen, die uns ins Morgenland führt.

Der Weiber Lust

Wenn die Franzosen mit Perrault den Brüdern Grimm um hundert Jahre vorausgeilt waren, so blieben sie immer noch weit hinter den Märchen Scheherazades zurück. Aber es war wieder ein Franzose, der sie unters Volk und auf die Höfe brachte. Der 1646 in der Picardie geborene Antoine Galland, der aus einfachsten Verhältnissen stammte, war dank seiner beträchtlichen Gaben in die Kreise der höfischen Oberschicht aufgestiegen. In den neun Jahren, die er als Sekretär des französischen Botschafters an der Hohen Pforte in Konstantinopel verbrachte, entwikkelte er sich zum exzellenten Kenner des Türkischen und Arabischen. In dieser Zeit studierte er die arabische Sammlung *Alf layla walay-la*, die er später mit durchschlagendem Erfolg übertrug. Seine Ausgabe *Les mille et une nuit*, auf die sich die folgenden stützten, erschien in zwölf Bänden von 1704 bis 1717. Es war kein geschlossenes Corpus, das Galland hätte übertragen können, sondern er pflückte links und rechts; *Ali Baba und vierzig Räuber* und *Die drei ausgesetzten Königskinder* etwa verdankte er der Erzählung eines maronitischen Christen, und vieles erfand er freihändig dazu – nicht viel anders als die Brüder Grimm.

Ganz anders freilich, welcher Kulturgrad sich in den Märchen spiegelte. Tausendundeine Nacht griff bis auf Homer zurück. Einige der Reisen Sindbads sind offensichtlich der Odyssee entnommen. Und wie dieses Ur-Epos ist auch Tausendundeine Nacht nicht nur eine zusammengewürfelte Sammlung von Erzählungen. Das Geniale an den *Contes arabes* ist schon der in Indien spielende erzählerische Rahmen, der die disparaten Geschichten umschließt.

Am Anfang steht der Weiber Lust. Kaum verläßt der Herrscher das Haus zur Jagd, treibt es die Gattin mit starken schwarzen Sklaven, wie der geliebte Bruder des Herrschers erspäht, ein düpierter Hahnrei auch er. Sind denn nun alle Frauen so? Die Fürstenbrüder beschließen, der Welt zu entsagen, bis sie einen Mann fänden, der noch unglücklicher wäre als sie. Sie finden ihn in Gestalt eines riesenhaften gräßlichen Genies – wie die Dschinns in der ersten und schönsten deutschen Übersetzung durch Johann Heinrich Voß noch heißen. Obwohl der Dschinn seine Herzensdame in einer von vier Schlössern gesicherten gläsernen Kiste auf dem Meeresgrund verwahrt, findet sie Gelegenheit, die Brüder zu verführen. Anschließend bittet sie um deren Ringe. Ob die Herren wüßten, was diese Kleinode bedeuteten? fragt sie und zeigt ihnen eine Schnur anderer Ringe. Das seien achtundneunzig Trophäen, von allen Männern, die ihre Gunst genossen; mit den zwei Brüdern habe sie die hundert jetzt voll.

Damit ist es heraus: erstens, daß dieser Dschinn noch trüber dran ist als die betrogenen Brüder, zweitens, daß nichts der Arglist der Frauen gleicht. Und so faßt der König seinen finsteren Entschluß. Auf die Treue der Frauen bauen? *Vous me faites sourire.* Jeden Abend soll ihm eine andere Jungfer des Landes zugeführt werden, die er am Morgen nach der Hochzeitsnacht vom Großwesir erdrosseln läßt. Der Möglichkeit des Betrugs ist damit eine eherne Schranke gesetzt. Das Zittern geht um im Reich: Welcher Vater wird der nächste Unglückliche sein, der seine Tochter ehrenvoll opfern muß? Doch eine, die kluge und mutige Tochter des Wesirs, meldet sich freiwillig – Scheherazade. Eine kleine Bitte nur bedingt sie sich aus: Ihre Schwester möge am Fuß des Hochbetts, in dem sie mit dem Herrscher schläft, bei ihnen nächtigen. Und diese Schwester hat sie instruiert. Sie soll Scheherazade vor Morgengrauen auffordern, ihr eine Geschichte zu erzählen.

Der Herrscher willigt ein, und die erste Geschichte wird erzählt. Leider, leider hört Scheherazade an der fesselndsten Stelle auf, so daß sich der Sultan erweichen läßt und ihr noch eine weitere Nacht schenkt. Der Wesir ist überglücklich, daß er seine Tochter verschonen darf. Und auch in der zweiten Nacht bricht Scheherazade ihre Erzählung gerade dort ab, wo es nun wirklich nervenzerfetzend wird. Der Herrscher gewährt ihr eine weitere Nacht …

Es ist die Geburt des Cliffhangers. Und nebenbei ist es auch ein poetologischer Imperativ: Erzähle so, als ginge es um Leben und Tod; erzähle so, daß der andere zuhören *muß*. Verhallt er in der Moderne nicht ungehört? Nicht nur die Heroen des *nouveau roman* hätten schon bald ein Rendezvous mit dem Großwesir. Nur Scheherazade überlebt tausendundeine Nacht, bis der König endlich mürbe wird. Sein Unglaube an weibliche Tugend ist besiegt und er begnadigt seine tapfere Erzählerin: «Lebt, und genießt der Freude, die Erretterin eures Geschlechtes zu seyn.»

Perlen in der Gurke

Trotz des misogynen Rahmens sind die meisten Frauen aus Tausendundeiner Nacht klüger als die Männer – nicht anders als in den Märchen der Brüder Grimm. Zumal die Sklavinnen sind oft aufgeweckter als ihre Herren. Es ist eines der Motive, das sich durch die Sammlung zieht, die ebenso wie die der Märchen bei aller Stilisierung ein absichtsloses und um so getreueres

Bild ihrer Epoche gibt. Bei Grimms war es die Epoche des Dreißigjährigen Kriegs. In Tausendundeiner Nacht lebt man in der arabischen Hochkultur, in der piekfein auf höfische Formen geachtet wird. Bade- und Speisesitten, von denen in der rauhen Welt der Grimms keine Rede ist, sind genau kodiert. Kein Essen ohne Musik; wenn es ein Festmahl ist, sind auch Gaukler und Tänzer dabei. Wehe, man schlägt den Sitz auf dem Sofa nicht aus, der einem angeboten wird – das wäre ganz schlechter Ton. Zwar rollen die Köpfe rasch, aber einen Eid bricht man auch dann nicht, wenn seine Einhaltung den sicheren Tod mit sich führt.

Wie verfeinert die Welt auch literarisch ist, zeigt gerade der Vergleich mit den Grimms. In deren Märchen geht es, wie wir gesehen haben, schlampig zu; hinter der Szene wird nicht mehr aufgepaßt, niemand schert sich um das Fein-Fein von Details. Wie anders in der kultivierten Welt Arabiens. Zwei Beispiele nur zur Illustration, bevor jemand zu ungeduldig wird.

Klassisch wie im Märchen und der Bibel beginnt die Erzählung *Die drei ausgesetzten Königskinder*. Es gibt drei Schwestern, deren jüngste aufsteigt und die Gemahlin des Sultans wird. Die zwei andern, man kennt es, sind eifersüchtig und wollen es ihr einreiben. Sie schmeicheln sich als Hebammen ein, entführen der Schwester ihr Neugeborenes und werfen es im Weidenkorb in den Fluß. Das Körbchen mit Passagier wird entdeckt: Der Oberaufseher der königlichen Gärten ruft einen Gärtner herbei, der zieht den Korb «mit seiner Hacke» aus dem Kanal an Land. Und das genau ist das Detail: durch die unscheinbare Hacke sieht man es vor sich.

Oder dies: An der Wurzel des Baumes liegt, wie vom sprechenden Vogel vorhergesagt, ein Kästchen mit Perlen vergraben.

Was soll mit den Perlen geschehen? Sie sollen dem Sultan zum Festmahl als Gurkenfüllung vorgesetzt werden. Perlen in einer Gurke? Ja, zur scherzhaften Belehrung über mangelnde genetische Grundkenntnisse des Sultans, was den eigenen Nachwuchs betraf – die bösen Schwestern hatten ihm als Mißgeburt der daraufhin verstoßenen Gattin einen toten Hund verkauft. – Schön und gut, das Kästchen mit den Perlen findet sich, und dann folgt das literarische *surplus*: Der Gärtner scharrt die Erde nach der Kästchenausgrabung wieder ein und tritt sie mit den Füßen fest. *Das* ist Literatur.

Sie nimmt übrigens die ganze deutsche Romantik vorweg. Wer leerte in langen Zügen den «Taumelkelch der Liebe», etwa Tristan und Isolde nur? Es ist die arabische Isolde Schemselnihar, die es schon Goethen antat. Die Geschichte der Favoritin des Sultans, die sich sterblich in den persischen Prinzen verliebt, die Geschichte einer Liebe, der auf Erden nicht zu helfen war, ist purer Wagner, und Thomas Manns indische Novelle *Die vertauschten Köpfe* steckt auch schon darin. Kleists *Amphitryon* wiederum findet sich schon in der komischen Burleske *Der erwachte Schläfer*: So wenig, wie Sosias am Ende weiß, wer er eigentlich sei, so wenig weiß es der aus seinem Traum erwachte Sultan, der plötzlich keiner mehr ist – oder war es vielleicht doch kein Traum?

Die ganze Sammlung, vor allem im herrlichen Voßschen Deutsch, ist ein orientalisches Fest – frisch wie der Morgentau, gelenkig wie die Favoritin des Sultans, melodiös wie ihre Gesänge zur biskajischen Trommel. Aber wir wollen den Autor nicht länger warten lassen, der den orientalischen Geist vielleicht am besten verstand.

Mädchen mit Flügeln

Auch Marcel Proust war dem Reiz der *Contes arabes* früh erlegen. Er war beileibe nicht der erste. Es wäre leichter, die Liste der Autoren aufzuführen, die nicht in irgendeiner Form von *Tausendundeiner Nacht* beeinflußt waren, seufzt der Experte Robert Irwin. Auf der Gegenliste fehlt fast kein großer Name. In Rußland waren es Puschkin und Tolstoi, in Deutschland die Hälfte der Romantiker, in England Coleridge, Thackeray, Dickens, Conan Doyle und Joyce; in Frankreich Flaubert, Stendhal – und eben der größte von allen, Marcel Proust.

Was hatte ihn an der Sammlung gereizt? Natürlich, daß man mit ihr wie Ali Baba in eine Schatzkammer trat, die von den farbigsten Fabeln überquoll. Aber es war mehr in diesem Sesam versteckt. Die Erzählungen voller Dämonen und Zauberer waren zugleich ein realistisches Werk der Geschichte. Die Märchen konservierten ein riesiges Zeitvolumen von Alexander dem Großen bis zu den Kreuzzügen wie einen in der Flasche verkorkten Dschinn. Noch hinter dem absonderlichsten Detail wetterleuchtet im Hintergrund die Wirklichkeit. Die Schlachten der Geisterheere, die lange ausgemalt werden, was drückten sie anderes aus als das Staunen über die fulminant schnelle Ausbreitung des Islam?

Was Proust mit seinem Riesenwerk gelang, war etwas ganz Ähnliches. Es konservierte den Geist der französischen Geschichte vom Mittelalter bis zur *Grande Guerre*. Und doch war dieses Werk bei allem Realismus vom Märchen getränkt. Proust verglich sich selbst mit Scheherazade, und er hatte traurigen Grund dazu. Das epische Garn nicht abreißen zu lassen:

das war die *raison d'être* auch des Asthmatikers, der in seinem korkgedämpften Zimmer jede Nacht um sein Leben schrieb; nie wissend, ob der Sultan seines Körpers bereit sein würde, ihm noch einen weiteren Tag Aufschub zu gewähren.

Die Welt, die er in diesen Nächten schuf, war magisch verzaubert. Prousts gotische Kathedralen sind persische Traumschlösser; sein Venedig ist eine verlassene Messingstadt. Und das kriegsverdunkelte Paris wird ihm zum nächtlichen Bagdad, in dem der Kalif Harun al Raschid unerkannt auf Streifzüge geht.

Prousts Held Marcel, der es dem Kalifen nachtut, ist vielleicht selbst eine Figur aus *Tausendundeiner Nacht.* Marcel scheint ein Nachfahr einer genau umrissenen orientalischen Märchenfigur. Es ist der reiche, verträumte, etwas ziellose, aber neugierige Kaufmannssohn, der sich durch den Tag bummelt und wie von alleine Zutritt in alle Kreise erhält. Auch Marcel, verträumt und ehrgeizlos, landet am Ende beim Hochadel in St. Germain.

Der Schriftsteller Martin Mosebach, der in einem schönen Essay an all diese Verbindungen erinnert, weist auf ein weiteres Märchenmotiv hin. Der vorletzte Teil der *Recherche* schildert die Qualen der Eifersucht, die Marcel um seine Freundin Albertine leidet. Sie wird zu seiner Gefangenen, die jede Gelegenheit sucht, ihm zu entfliehen. Weil sich in Albertine in Wahrheit ein promisker Albert versteckt, wie Prousts Biographie nahelegt? Oder woher sonst rührt ihr Drang?

Nach Mosebach findet sich die Antwort in *Tausendundeiner Nacht*:

> In mehreren sehr ähnlich ablaufenden Märchen gerät ein junger Mann in ein großes Haus, das ihm zum Bewohnen

überlassen wird. Eine einzige Tür ist ihm zu öffnen verboten. Selbstverständlich öffnet er sie dennoch; ein schöner Garten liegt dahinter mit Brunnen und Wasserbecken. Eine Schar großer Vögel fliegt herbei. Aus ihren Federn schlüpfen nackte Mädchen, die in dem Becken baden. Der junge Mann schleicht hinzu und stiehlt eines der Federkleider, und als der Augenblick des Aufbruchs gekommen ist, die Mädchen sich wieder mit Federn bekleiden und davonfliegen, muß die Schönste zurückbleiben. Sie wird die Gefangene des jungen Mannes, der mit ihr lebt, sie aber mit Luchsaugen bewachen muß, weil der Ruf ihrer Vogelschwestern sie mit größter Kraft anzieht, und als ihr schließlich gelingt, das gestohlene Federkleid zurückzuerlangen, fliegt sie davon.

Beweisen kann man es nicht; aber die Vogelschar der Mädchen hat in der Tat etwas von der kleinen Schar, die Marcel am Strand von Balbec entdeckt. Eines dieser Mädchen ist jene Albertine, die sich ihm später immer zu entziehen sucht. Wenn Mosebach recht hat, ist gegen diesen Drang kein Kraut gewachsen. Albertine wird immer ihr Gefieder suchen und immer fliehen wollen, weil sie als Märchenfigur nicht anders kann. Wie Hans Christian Andersen hätte Marcel Proust in der Märchenwelt das mythische Muster für seinen Lebensschmerz erkannt: daß die Männer, die Frauen lieben, ihm ewig unerreichbar waren.

Die Schneekönigin im Schloß

Der Autor, der Proust vielleicht als einziger ebenbürtig war, lebte auf der anderen Seite des Kanals. Es war James Joyce, dessen Jahrhundertroman *Ulysses* die Homerische Odyssee nach Dublin verlegt. Aber Joyce war nicht nur Homer-Nachdichter, er war auch ein großer Märchenfreund. Er liebte die *Arabian Nights*, wie *Tausendundeine Nacht* auf Englisch heißen. Im mythischen Fluß seines Spätwerks *Finnegans Wake* tummelt sich mehr als eine Seejungfrau. Und es gibt akribische Studien alleine darüber, was er aus dem Cinderella-Motiv macht.

Cinderella, das englische Aschenputtel, ist auch bei dem Joyce-Verehrer Vladimir Nabokov prominent. In Nabokovs Campus-Roman *Pnin* amüsiert der Titelheld seine Partygäste mit einer etymologischen Erklärung von Aschenputtels Glasschuhen. Ursprünglich seien das nämlich gar keine Schuhe aus Glas gewesen, sondern aus Fell: man habe *verre* verwechselt mit *vair*. Pnin selber hat nicht nur die kleinen Füßchen von Aschenputtel, er ist überhaupt eine Märchenfigur. Seine Liebe gilt einer undankbaren *mermaid*. Und Lolita, der sich Nabokovs Weltruhm verdankt? Sie bekommt zum Geburtstag eine Prachtausgabe von Andersens *Kleiner Seejungfrau*. Für den späten Nabokov-Roman *Ada* wird dieses Märchen die Quelle schlechthin: die tragische Heldin des Buches, eine *mermaid* auch sie, ertränkt sich wie ihr Vorbild aus unerwiderter Liebe im Meer.

Der Einfluß von Andersens Märchen auf die mit ihnen groß gewordenen Autoren ist immer wieder erstaunlich. Betrachten wir nur einmal mit frischem Blick diesen Anfang eines berühmten Romans:

> Es war spät abend als K. ankam. Das Dorf lag in tiefem Schnee. Vom Schloßberg war nichts zu sehn, Nebel und Finsternis umgaben ihn, auch nicht der schwächste Lichtschein deutete das große Schloß an.

Wie seine Freundin Dora Diamant überliefert, las Franz Kafka ihr in seinem letzten Lebensjahr oft aus Andersens Märchen vor. Eines dieser Märchen handelt von einem mit K. beginnenden Helden, der in eine Sphäre gezogen wird, der er nicht mehr entkommen kann. Der kleine Kay bleibt willenlos in das Schloß gebannt, das in einem jenseitigen Zauberreich liegt, versunken in tiefem Schnee.

Es ist die Geschichte aus Andersens *Schneekönigin*. Gemahnt sie nicht stark an Kafkas letzten Roman *Das Schloß*? Auch dieser K. gerät in den Bannkreis einer rätselhaften Macht, auch er kann sich dem Magnetismus nicht entziehen und bleibt ein Gefangener des Schneepalasts. Die Deuter sind in viele Richtungen ausgeschwärmt, um die Lieferantenwege zu entdecken, auf denen Kafkas Schloß mit Material versorgt wurde. Nur auf die kleine Märchenspur haben sie nicht geachtet, trotz des Schnees, in dem sie sich vom ersten Absatz an so deutlich abzeichnet.

Kafka konnte das *Schloß* nicht mehr beenden. Er starb 1924, im selben Jahr, in dem Thomas Manns *Zauberberg* erschien. Hätte ihn die Krankheit, die dort behandelt wird, noch etwas länger leben lassen, wäre ihm nicht entgangen, daß der Held auch dort im Bann jener Königin steht.

Räuberweib mit Bart

Der Zauberberg, von dem wir nun einen letzten Ausblick nehmen wollen, ist von Andersens Märchen geradezu durchtunnelt. Da wäre etwa Hans Castorps soldatischer und tugendhafter Vetter Joachim Ziemßen. Dieser Vetter teilt mehr als seinen Namensanfang mit Andersens Standhaftem Zinnsoldaten. Thomas Mann hatte den Zinnsoldat mit seinem Ethos des Durchhaltens das eigentliche Symbol seines Lebens genannt. Bei Andersen stirbt er einen heroischen Liebestod. Im *Zauberberg* wird Ziemßen als Soldat in einer spiritistischen Sitzung aus dem Totenreich zurückgerufen. Kein Wunder, bei aller Absonderlichkeit, daß es die Tat eines dänischen Mediums ist – einer Frau aus Andersens Geburtsort Odense.

Die wahre Patronin des *Zauberbergs* aber ist die Schneekönigin. Ihrer Magie entkommt keiner – Franz Kafkas Landvermesser so wenig wie Hans Castorp, der für drei Wochen reist und am Ende sieben Jahre lang bleibt. Bei Andersen wird Kay von der Schneekönigin entführt. Seine Freundin Gerda macht sich auf, ihn zu retten. Das Märchen schildert Gerdas gefährlichen Weg zum Eispalast. Auf einer Station dieses Weges fällt sie in die Hände einer Räuberfamilie. Für einen Moment lang muß Gerda fürchten, daß ihr die gleiche Gefahr wie Hänsel und Gretel droht. Die Andeutungen der hexenhaften Räubermutter lassen an Drastik nichts vermissen.

> «Sie ist fett, sie ist niedlich, sie ist mit Nußkernen gemästet!» sagte das alte Räuberweib, das einen langen struppigen Bart und Augenbrauen hatte, die ihm über die Augen herabhingen.
> «Das ist so gut wie ein kleines Mastlamm! Na, wie die schmekken wird!» Und dann zog sie ihr blankes Messer heraus, und das glänzte, daß es grauenhaft war.

Womit wir, wie Hans Castorp im Schneesturm, nach einem langen Weg im Kreis wieder an unserem Ausgangspunkt angelangt wären. Wir haben gesehen: Märchen sind unsterblich, weil sie von den Urdingen und Tabus erzählen, die den Menschen schon immer auf der Seele lagen. Sie sind unsterblich, weil sie uns entlasten, indem sie das Unaussprechliche in Geschichten verstecken. Sie sind unsterblich, weil sie gleichzeitig schockieren und schützen. Dabei sind sie anpassungsfähig wie Viren, und wie Viren verändern sie ständig ihre Gestalt. Wenn es kulturell dürr wird und die Zeiten für Märchen mager werden – oder zu fett –, überleben sie in den Wirtskörpern fremder Gattungen. Dann lernen die Kinder sie durch den neuesten *Pixar*-Film kennen, und die Erwachsenen erinnern sich ihrer durch klassische Romane.

Einer davon war *Der Zauberberg.* In seiner Mitte stand Castorps Schneeausflug und sein Traum, in dem zottelhaarige Hexen aufs gräßlichste mit einem kleinen Kind hantieren. Waren es Hänsel und Gretel, die diesen Traum inspirierten, oder war es Andersens Gerda auf dem Weg zur Schneekönigin? Und verschlüsselt dieses Traummärchen ein menschheitliches oder ein privates Tabu? Das ist nur eine der Fragen, über die das letzte Wort noch nicht gesprochen ist; wie bei den Märchen überhaupt, die noch lange nicht aufhören werden, uns aus ihren glühenden Augen fremdartig anzuschauen.

Literatur (Auswahl)

Dante Alighieri: *Die Göttliche Komödie*, übersetzt von Hermann Gmelin. dtv, München 1988.

Martin Amis: *Koba the Dread. Laughter and the Twenty Million*. Hyperion, New York 2002.

Hans Christian Andersen: *Sämtliche Märchen*, übersetzt von Eva-Maria Blühm und Gisela Perlet. Gustav Kiepenheuer Verlag, Leipzig und Weimar 1990.

Friedmar Apel und Norbert Miller: *Das Kabinett der Feen: Französische Märchen des 17. und 18. Jahrhunderts*. Artemis & Winkler, Darmstadt 1984.

Bruno Bettelheim: *Kinder brauchen Märchen*. dtv, München 1980.

Clemens Brentano: *Gockel, Hinkel und Gackeleia*. dtv, Bibliothek der Erstausgaben, München 1998.

Georg Büchner: *Woyzeck*. Reclam Verlag, Leipzig 1999.

Adelbert von Chamisso: *Peter Schlemihls wundersame Geschichte*. Reclam Verlag, Ditzingen 1986.

Heinrich Detering: *Das offene Geheimnis. Zur literarischen Produktivität eines Tabus von Winckelmann bis Thomas Mann*. Wallstein Verlag, Göttingen 1994.

Johann Wolfgang von Goethe: *Faust*. Bibliothek deutscher Klassiker, hg. von Albrecht Schöne. Deutscher Klassiker Verlag, Frankfurt / M. 1994.

Hans Jakob Christoph von Grimmelshausen: *Der abenteuerliche Simplicissimus Teutsch*. Reclam Verlag, Leipzig 1979.

Grimms Kinder- und Hausmärchen. Neue kommentierte Edition sämtlicher Märchen und ihrer Anmerkungen nach der zentralen Ausgabe von 1837, hg. von Heinz Rölleke. Deutscher Klassiker Verlag, Frankfurt / M. 1985.

Franz Kafka: *Das Schloß*. Kritische Ausgabe, hg. von Malcolm Pasley et al. S. Fischer Verlag, Frankfurt / M. 1983.

Michael Maar: *Geister und Kunst. Neuigkeiten aus dem Zauberberg*. Hanser Verlag, München 1995.

Michael Maar: *Solus Rex. Die schöne böse Welt des Vladimir Nabokov*. Berlin Verlag, Berlin 2007.

Märchen der Brüder Grimm. Bilder von Nikolaus Heidelbach. Beltz & Gelberg, Weinheim und Basel 2002.

Thomas Mann: *Der Zauberberg.* Gesammelte Werke Band III. S. Fischer Verlag, Frankfurt / M. 1974.

Gareth J. Medway: *Lure of the Sinister. The Unnatural History of Satanism.* New York University Press, New York, London 2001.

Martin Mosebach: *Schöne Literatur. Essays.* Hanser Verlag, München 2006.

Vladimir Propp: *Morphologie des Märchens.* Suhrkamp Taschenbuch, Frankfurt / M. 1975.

Marcel Proust: *Auf der Suche nach der verlorenen Zeit.* Hg. von Luzius Keller. Suhrkamp Verlag, Frankfurt / M. 1994–2002.

Heinz Rölleke: *Die Märchen der Brüder Grimm. Eine Einführung.* Bouvier Verlag, Bonn, Berlin 1992.

Walter Scherf: *Das Märchen Lexikon.* Zwei Bände. Verlag C. H. Beck, München 1995.

Marina Warner: *From the Beast to the Blonde. On Fairy Tales and their Tellers.* Vintage, London 1995.

Weitere Titel

Die Schlange im Wolfspelz

Fliegenpapier

Heute bedeckt und kühl

Leoparden im Tempel